小さな命の帰る家

―― 里親・養子縁組実践中 ――

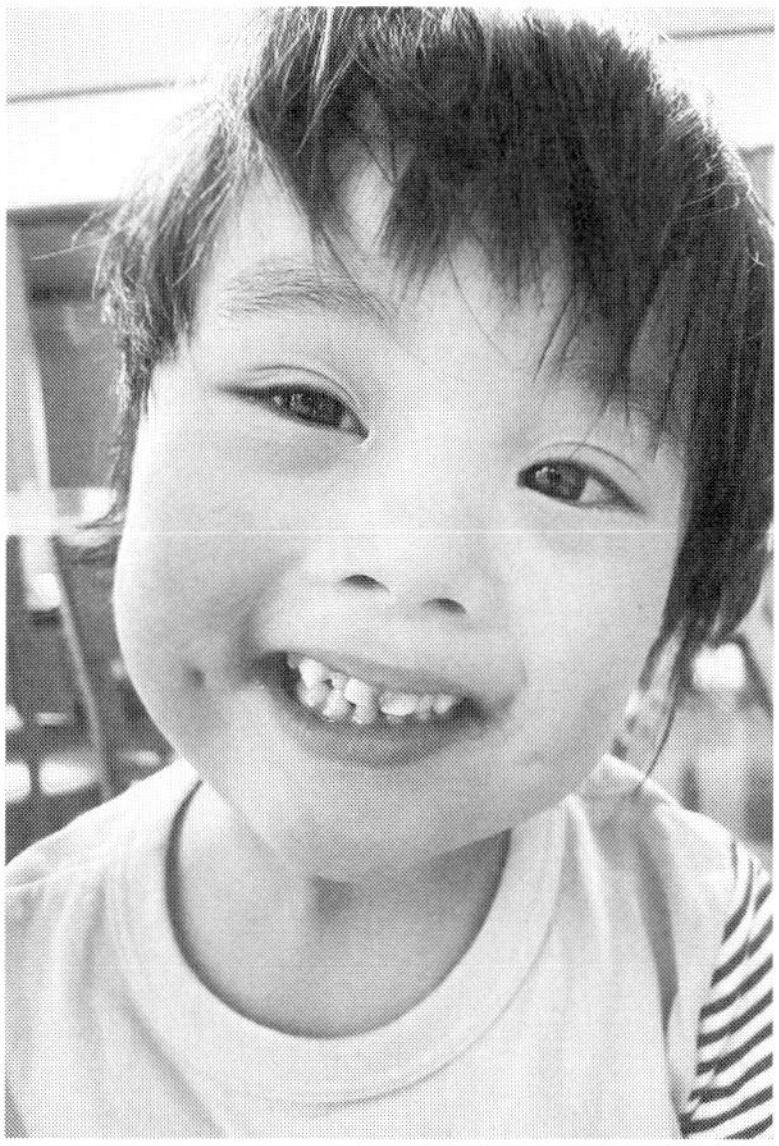

燦葉出版社

はじめに

子どもの命を守りたい、虐待で命を失う子どもを守りたい、中絶でこの世の中に生まれてくることすらできない子どもを、命のテーブルに乗せてあげたいという思いだけで、今日まで活動をしてきました。

前例のないことばかりで、戸惑いどころか、何をどのようにしていいのか、どこに行けば良いのか、暗闇の中を毎日手探りで歩むことからのスタートでした。

少しでも必要な情報や学びがあるならば、全てを置いて、その場所に駆けつけました。

また、お腹の子どもの命を守るためには、お母さんと出会い、そのお母さんを守る必要もあり、今でもそのようなお母さんにずっと寄り添っています。

望まない妊娠をしてしまった女性は孤独で、誰にも相談できない中で辛い思いをしているのがほとんどです。

さらに、辛く悲しい現実は望んだ妊娠であるにも関わらず、子どもがお腹の中にいる間に障がいや病気が分かると、望まない妊娠に変わるのです。

今は新型の出生前診断が日常的になり、妊娠初期の段階で、胎児に障がいの可能性を発見できるようになりました。

この段階で障がいの可能性があると、精度の高い羊水検査に進むことなく、中絶を選んでしまう妊婦さんがほとんどです。

実に悲しいことだと思います。

誰がこの現実を知り、この現実に向き合うのでしょうか?

また、出産と同時に障がいが分かる場合や、国が認めている中絶期間を過ぎて、障がいが分かってしまう場合は、さらに辛い現実が待っています。

あるいは、喜びの出産を終えて休んでいる母親に、子どもの障がいの可能性を主治医より告げられるケースです。

また、しばらく子どもに会わせてもらえないケースもあります。

私はどちらのケースにも相談に乗り、生まれた子どもにとって、最善の道を共に考えるようにしています。

何とかして、生まれた赤ちゃんがそのまま実のご両親の元で暮らせるように努力します。

関係機関や病院の方々と連携して、子育てのサポートを行います。

しかし、どうしても受け入れることが無理な家族も少なからず存在します。

そのような場合は、特別養子縁組を通して障がいの赤ちゃんを新しい家庭に繋ぎます。

ここに最大の難関があるのです。

それは、健常な赤ちゃんを待っている家庭はたくさんあるのに、障がいや難病の赤ちゃんを待っている家庭はほとんどいません。

特別養子縁組の制度は、障がいの赤ちゃんを想定していないのですから、受け入れ先等、何も揃っていないのです。

私は、このような中で障がいの赤ちゃんを受け入れてくれる家庭をまず探すことから始めました。

もちろん直ぐに見つからず、近道もありませんので、草の根活動的に訴えて道を拓いてきました。

障がいのある赤ちゃんは、別の病気を併発していたり、普段は健康でも健常な赤ちゃんよりも弱く、風邪などの病気でも入院を必要とするような重篤な状態に陥りやすいので、医療機関との連携が必要となります。

養親候補の住む地域の医療機関で、そのような子どもの対応ができないことも少なからずあり、それらも今後の大きな課題として残っています。

我が家に来た次男やまとは、ダウン症の障がいに心臓と肺に重たい疾患を抱えていました。

私の住む奈良県で受け入れ病院を探しましたが、受け入れできる病院はありません。受け入れ可能な病院は、隣の大阪市内しかありませんでした。

また、主治医の話によれば、大阪でもやまとの心臓の手術ができる病院は一つだけだったようです。

一歩一歩、足を前に出せば出すほど課題に直面して、その課題の大きさに圧倒される毎日です。私は、子ども達の笑顔に後押しされて、全能の神様に力強く導かれて何とか頑張っています。

この本が、障がいや難病の子ども達の理解と、救うために活用されることを願っています。

また、障がいの赤ちゃんが温かな家庭に繋がるように用いられることを切に願います。

目次

小さな命の帰る家

――里親・養子縁組実践中――

中絶

今から二十五年ほど前、忘れることのできない文章を、ある本の中で読みました。

それは、日本における中絶の件数です。

衝撃的な数字でした。

その数字は公式な数字で百万人にせまるものでした。

日本は豊かな国であり、戦争をしていないのに、なぜこれ程小さな命が、しかも
たった一年間に失われているのか理解できませんでした。

すでにその小さな命を尊く思って、活動を始めていた「ちいさな命を守る会」の辻岡先生のお話によると、その数字は三倍になると言われるのです。

余談になりますが、二〇二三年現在、一年間の中絶件数は二十万人前後です。

一年間の虐待による子どもの死亡件数は五十人前後です。

中絶する時に使う薬の量によると、公式な数字の三倍になるそうです。

この数字は、日本の死亡原因の第一のガンを大きく上回る数字になります。

この国の死亡原因の第一位は中絶ということになります。

少し過激な言葉を使うならば、この国は合法的に子どもを殺せる国なのです。

私は、その数字を知った時に、心の中で言葉では表現できない重たいものを感じ、行動せずにはいられない思いになりました。

次の日、何を思ったのか「もう殺さないでください。育てられない赤ちゃんがいるならば、連絡ください。」と手書きのチラシを作ってJR大阪駅前で、そのチラシを一人で配っていたのです。

多くの人が手に取って下さり、多くの人が振り向いて私の姿を見ていました。

今考えると、何の準備もなく、子どもが預けられた後のことも何も考えずに行動していたことに、自分自身でも驚きと共に背筋が凍る思いでした。

私は、行動せずにはおれない何かを心で感じていたのです。

私のこの心の衝動が、どこから来ているのか、結婚して四十歳を過ぎて、私の両親が離婚をする時にはっきり分かりました。

私が四十代で牧師をしていた頃、母親が病気になりました。

電話で話していても、咳が止まらない様子ですが、病院には行かないと言うのです。

私はあまりにも心配で、次の日、急遽家に帰って、病院へ連れて行こうとしたところ、健康保険証がないのです。

私は驚いて、なぜ母の健康保険証がないのか、父を問い詰めると、いろいろあって健康保険から母を脱退させたと答えました。

さらに、脱退一時金をもらったと白状しました
家賃滞納で、裁判所の方が来たり、借金取りが来たり、いろんなことがありました。

我が家はあまりにもいろんなことがあり、何を聞いても驚かないのですが、この時は本当にビックリでした。

そこまでやっていたのか。

母と話していると、当たり前のように、「お前が小学生の頃も、私とお前の分の健康保険証はなかったのよ。」

「あの人は知らない間に抜いてたのよ。」

私はさらに驚きました。

そういえば、小中学生の頃は、風邪をひいて熱が高いにも関わらず、病院には行きませんでした。

どんなにしんどくても、「パブロン」でした。

私は、疑わずにそれを飲んでいたのですが、病院に行かないのではなく、行けなかったのです。

大人になって、自分の保険証で病院に行った時、病院処方の薬はすごく効くのです。

母と父は、すでに別居状態だったので、父に離婚を勧めました。

保険証の件は最後の引き金で、それ以外にも、母の生活費が足りないことなど毎月のようにあったからです。

母が働けている間は良かったのですが、母が高齢で働くことができなくなっても、母の年金はほとんどなく、途方に暮れていることもしばしばありました。

私は、母の年金のことで年金事務所に通いました。母がもらえる年金はごくわずかなのです。

もう少し配慮して、父が母に年金をかけてくれていたらと何度も思いました。救済方法がありません。

小さな教会の牧師をしている私には、代わって払うお金はありませんでした。

それから一週間、私は母を病院にかからせるため、市役所やそのための必要書類をそろえるために走り回りました。

離婚手続きが終わるとすぐに、母に生活保護の申請をするために市役所へと向かいました。

市役所の担当者は、すぐに申請手続きへと進みました。

その後母の入院となりました。

そして、母の入院中、母の家を父と整理していると、父と話をしていると、思いがけない言葉が出てきました。

「お前の母親は、子どもが嫌いでな、お前には兄弟がいるのだよ。」

それまで一人っ子だと思いこんでいた私にとって衝撃が走る言葉でした。

私は、あまりのショックに言葉を失いました。

本当は、何人いるのか？

性別やどのような事情だったのか？

いろんなことを聞きたかったけれど、言葉が出ないのです。

私は、心が傷ついてしまうと、言葉が出なくなります。

私の感情表現は、だいぶ後になって心が整理されて、言葉になります。

母に聞いても答えないのは分かっているので、父に聞こうと思いながら年月が過ぎました。

数年後、父が認知症になった後、昔のことを詳しく聞こうとしましたが、父が思い出せずじまいでした。

私には会ったことのない兄弟がいたのです。そして、それはこの世では会うことのできない中絶された兄弟です。

しかし、それと同時に、色々なことが繋がってきました。


いつも思い出す光景がいくつかあります。

一つは、幼稚園時代に、幼児が乗り越えられない門を乗り越えて、家に帰ったことです。

その時は、ものすごい不安になり、母がもう迎えに来ないかと思ったからです。

また小学校一年生の時に、図工で描いた友達の作品を破いてしまいました。

時々、言いようもない不安と抑えられない破壊的な感情が心の奥底から湧き上がって、自分でもどうすることもできませんでした。

また、休みと授業の区別がつけられず、どろどろになって一人で遊んでいました。

先生がみんなの前に立たせて、「こんなに汚い」と言ったのを覚えています。

それは、自分は親にとって必要とされない存在で、もしかしたら自分が中絶されていたかもしれないという心の奥底での思いがあったのだと思います。何とも言えない複雑な気持ちになっていました。

中学に入ると、私の心の満たされない思いが反発へと変わり、不良の道を突き進んでしまったのです。

私が中学に入学した頃は、大変学校が荒れていました。ガラスは割れ、消火器を爆発させたり、トイレの扉はなく、便器は壊れているのが当たり前でした。

私は、入学と同時に不良グループと付き合うようになりました。

考えてみると、家に帰っても誰もいない。

食べるものもない。着るものもない。

居場所のない私にとって、自然な成り行きだったのかもしれません。

家出をして、家に帰らなくなりました。

不良グループといつも一緒にいて、煙草をすったりシンナーを吸ったりする生活になりました。

また、先輩の言うことは絶対で、それに従って反社会的なこともたくさん行いました。

バイクを盗み、お金がないのでガソリンも盗み、そこに待機していた警察に追われることもしばしばです。

私は先生に連れられて、しばしば警察へ行きました。中学の先生には本当にご迷惑ばかりかけていました。

このような私は、出席日数が足りず、留年を覚悟するような中学生活を送っていました。

当時の私は、この世の中に存在していて良いのか、こんなみじめな人間でも受け入れてくれるのかという心の叫びだったのかもしれません。

なぜ、このよう思いになるのか、その時はっきり理解できました。

「自分は中絶対象者だったのだ」母は、私を身籠った時に、産むか中絶するか悩んだに違いない。

母の葛藤が伝わってくるようです。

「私はいらない人間なんだ」

もしかしたら、私は中絶されていたかもしれない。

この心の奥底についた傷、「存在するな」という傷と今まで闘ってきました。闘うというと語弊がありますが、その痛みは赤ちゃんが中絶により命を失うことを知った時、行動せずにいられない衝動にかられたのです。

まるで、自分の命を救うかのように。

まるで、自分の命も大切だと言いたいかのように。

私がクリスチャンになっていなかったら、あのまま不良の道から、人道に反する生き方をしていたかもしれません。

私がクリスチャンになって一番に感じたことは、両親は私を望まなかったかもしれないが、神は私を望んでくださったこと。

この思いだけが心の支えとなっていました。

今でもこの思いだけが、心の拠り所です。

私は十六歳でイエスキリストを信じてクリスチャンになりました。

私は、母子家庭で育ちました。父も母もほとんど家にいない、本当に淋しい少年時代を送りました。

食事はほとんど用意されておらず、常にお腹を空かせていました。

友達の家に、時々昼ご飯に呼ばれた時は、なんと豪華なのかと驚きました。自分の家は普通ではないと度々感じました。

友人を作るのが難しく、心がひねくれており、寂しいにも関わらず、その淋しさを表現するのに、破壊的な行動しか思いつかないのです。

愛と言う言葉は知っていても、愛の本質や愛の実態は全く分からず、心の中は愛に餓え渇いていました。

その愛なるものから、私に向かって「存在していて良い。」「生きていて良い。」と言ってほしかった。

愛とは、その人に向かって無条件で「そんざいしていて良い、生きていて良い」と言うことではないかと思うのです。

中学二年生の時、友達のいない不良の私に、後席に座った竹端君がなぜか話し掛けてくれました。

今思えば、竹端君が初めての本当の友達なのかもしれません。

彼からの声掛けで友達になりました。

彼の優しさに惹かれて、私は不良グループといる時間より竹端君と一緒に過ごすことが多くなりました。

自然に、竹端君の友達と友達になりました。

不思議と皆良いやつばかりで、遊びだけでなく勉強も良くできました。

全く勉強に興味がなく、クラスの中ではほとんどビリでした。

私は、この出会いによって、勉強に少しだけ興味が持てるようになったのです。

将来は全く考えずに、高校受験のことなど全く頭の中にない私でした。彼らとの出会いは、ほんの少しだけ心の中に良い種がまかれました。

そんな私が、彼の勧めで同じ塾に通うようになりました。

彼は、勉強の全くできない私に根気よく付き合ってくれました。

時々感情が乱れて塾を休んでしまう私と共に塾を休んで、夜遅くまで話し込んでくれました。

一人ではとても長続きしないのを、彼が共にいてくれたので、卒業まで勉強を続けることができました。

本当に感謝しています。

気が付けば、彼のおかげで何とか高校受験できるまでに回復していたのです。

中学三年生の初めは行くことができる高校などありませんでした。彼と共に時間を過ごしたおかげで、何とか受験できる高校が見つかりました。

高校時代

無事に高校受験が終わり高校生活が始まりました。

親友の竹端君とは学力の違いで別々の高校でしたが、彼との時間が私の心を癒し、高校生活は友人にも恵まれ楽しいスタートになりました。

高校の友人は、皆良いやつばかりで、互いの家に泊まりに行ったり、文化祭の前の日には近くの友人の家に泊まりに行って楽しい時間を過ごしました。

私の通っていた高校は、普通科だけでなく機械科、工業科、自動車科など、将来就職に有利な科がたくさんありました。

別の科の友人もたくさんできて、一緒に遊びに行くことも度々でした。

色々な科がある関係で、十六歳からバイクの免許を取ることも許されていて、通学には使えませんでしたが、私も十六歳で中型バイクの免許を取りました。

母子家庭の我が家はバイクを買うなどできませんが、友達と一緒に帰り、友達の家で夕食をいただき、その後友達が家までバイクで送ってくれました。

本当に楽しい時間が続いていました。

私は、高校に進学した時から、我が家の状況を良く理解していたので、大学受験をせずに就職と入学時より考えていました。

淋しく辛い小中学校時代と違い、本当に楽しい高校生活を送っていました。

なぜかわかりませんが、高校時代はクラスの人気者なり、他のクラスの友人もたくさん与えられて、良く泊まりに来るように誘われました。

高校二年生の時です。

たまたま学校を休んだ土曜日に、テレビ番組でレックスハンバードという番組を視聴しました。

この福音放送は、レックスハンバードという宣教師が聖書のお話とその家族による賛美、最後に、「あなたは愛されています。」と言う言葉で番組を締めくくりました。

私は、聖書のお話はよく分かりませんが、レックスハンバード宣教師家族の賛美やその暖かな雰囲気に惹かれました。

私の家は、家族の機能を全く持っていなかったので、この家族は神を信じて同じ方向を向いて、しかも喜びに満ちて生きている姿がまぶしくて、うらやましく思いました。

この福音放送が私の心をとらえて見るようになっていたのです。

なにより、私の心を一番とらえたのは、宣教師が一番最後に言う言葉「あなたは、愛されています。」という言葉です。

私は、レックスハンバードの「あなたは愛されています」の言葉の中に、イエス様の「あなたは存在していても良い」という言葉を聞いていたのだと思います。

ある時、テレビ放送の中で、レックスハンバードが、教会へ行っていますか？と問いかけました。

私は生れてからこの日まで、キリスト教会へ足を踏み入れたことは一度もありません。

私の心をよぎったのは、幼稚園の同級生で牧師の息子でした。

彼は、浜崎君といいました。

時々幼稚園でも彼と一緒に遊んでいました。

浜崎君は、おとなしく口数も少なく、いつも優しく冷静で、私のように感情的なところがなく、とても立派な感じがしました。

彼の存在を思い出して、彼の教会に行ってみようと思いました。

初めての人間には、教会の敷居は高く、勇気を出して会堂に入ってみました。

「こんにちは」

一声、二声かけても返事はありません。

それもそのはず土曜日の午後で、教会には誰もいませんでした。

会堂を出ると、隣に建物があり電気がついていて誰かいるようです。

あとからわかったことですが、そこは教育館という場所でした。

その中に、信徒の方と大阪弁のおもしろいおじさんがおられました。

この方は、教会の牧師先生で桶田先生でした。

初めて訪問した私に、気さくに話かけて下さり、「今日は何もプログラムがないから、明日の朝、高校生クラスにおいで」と言われて、車で家まで送ってくれました。

次の日の日曜日に勇気を振り絞って教会の高校生クラスに参加したのです。

そこには、クリスチャンらしいというか、私のようにすれていない、素直な高校生たちが数名いました。

一番最後に、幼稚園時代の同級生で牧師の息子、浜崎君がギターを片手に入ってきました。

実に何年ぶりかの対面です。

彼は私を見て一言言いました。

「なんでいるの？」

一生分の勇気を振り絞って教会の高校生クラスに出席した私に、なんともつれない言葉でした。

谷口先生は、現在兵庫県で牧師をしています。

谷口先生は、私の教会生活がスムーズにできるように、信仰を持てるように配慮してくれました。

谷口先生は、それ以後も私の色々な相談役で、現在もＮＰＯみぎわの理事をして支えてくれています。

私は、生まれて初めて、キリスト教会の礼拝に出席しました。

当時、大津バプテスト教会主任牧師の浜崎先生がマタイによる福音書から説教を語られました。

先生は、あまり飾らず聖書の言葉をストレートに語られる方でした。

不思議なことですが、先生の語るマタイ福音書山上の垂訓が心に入ってくるのです。

聖書の言葉が、私の心に新鮮に響き、聖書の中に何か大きな宝があるように思いました。

初めて参加して、非常に緊張したのですが、帰るべきところに帰ったような安心感を経験したのです。

一か月に一回主の晩餐式が、行われていました。

小さく切られたパンとブドウジュウスを飲んで、主の言われた記念として行われていました。

私は、このパンやブドウジュースが神秘的に思えて、早く食べたいと思っていました。

この教会は、洗礼を受けた者だけがあずかる仕組みです。

私は、谷口先生に洗礼を受けたいと言いました。

谷口先生は大変喜んで、その後洗礼の準備クラスを持っていただきました。

教会での聖書の学びは楽しく、暇な時は教会で過ごしました。

準備クラスが終わりに近づいて、牧師先生より「信仰告白」を書くように言われました。

どうやら、受洗の前に皆の前で読んで祈ってもらうシステムになっています。

私は苦い経験があり、幼稚園時代の演劇発表会でフクロウの役になりました。

出番は少しなのに、そのセリフが覚えられず、本番で全くセリフを言えずに、真っ赤になって棒立ちなってしまいました。

困ったぞ。

一応信仰告白を書き上げて、震えながら当日を迎えました。

原稿用紙に書かれた信仰告白を必死に読み、何とか最大の山場は越えました。

水の中に入り、洗礼を受けた後、牧師先生が「あなたの罪は赦された」と言われました。

不思議なことですが、イエス様の罪の赦しが、自分は存在して良いのだという深い平安に繋がった気がします。

これは、私にとって本当に大きな経験でした。

教会生活をしているうちに、教会のご奉仕をするのが当たり前になり嬉しくなりました。

イエス様が喜んでおられるような気がして、教会での働きは本当に嬉しいものでした。

聖書を読んで、イエスキリストは凄いお方だと思うようになりました。

この方は、本当に一番貧しい人の友となり、いつも希望を持ち人を励まし、「共にいる」と言われるのです。

何よりイエスキリストが、多くの人に良い影響を与えて、キリストを尊敬する人々がクリスチャンなのです。

私の心に、当時一番インパクトを与える生き方をしていたのが、マザーテレサでした。

貧しいインドの中で、その中で最も貧しい所で、命が尽きようとする人々と共に生きて、歩んでいる姿です。

こんな素晴らしい生き方をする人がこの世の中に存在するのだと感心しました。

絶対無理な話ですが、貧しい人と歩み人生を共に生きたい、そんな生き方をしてみたいと心の奥底で思っていました。

口で福音を語るよりも、生き方を通して神様を知ってもらうほうがずっと難しい。そちらの生き方に引かれていました。

キリストの福音を宣べ伝えるのは大切なことです。その当時からこの世の中で苦労している人々、特に親のいない子どもたちへの強い思いをいつも感じていました。

私にとって、献身の道を歩み始めることは、実に当たり前のように思えていました。

当時の大津バプテスト教会の先生方の指導により、わがままいっぱいの私は、献身への準備を始めて、神学校に進みました。

神学校

私は、同級生や先輩方が実に立派な信仰を持っているように思えて、自分は生い立ちも悪いし、神学校でも落ちこぼれてしまうのではないかといつも思い、ついて行くのに必死でした。

プライドの高い私は、無理をしていることをひた隠し、とにかく必死でがんばるしかありませんでした。

神学校では、聖書の勉強や神学だけでなく、祈りや聖霊の導きが強調されていて、実際生活に直結する毎日を送りました。

神学校で二年の学びを終えて最終学年に入るころ、心の中がしっくりこないのです。

自分の思っていた神学校と、教会の献身生活が自分の思いとずれているように感じていました。

何をどのようにと言葉でいうのは難しいのですが、何かしっくりしないのです。

神学校が休みになると、私は一人で児童養護施設を訪ねて、クリスマス会やお楽しみ会をして、そこにいる子どもたちと触れ合う時間を持つようになっていました。

後で知るようになりましたが、施設養護の子ども、親と暮らせない子どもが日本には四万六千人もいるのです。

教会の牧師先生に言われたわけでもなく、誰かのアドバイスを受けたわけでもありません。

神学校で自分と一緒に児童養護施設へ行きましょうと案内するのですが、だれも興味を示してくれませんでした。

いつも一人でした。

自分の心が、それらの子どもたちの所へと導かれていくのです。

そこでの子どもたちとの触れ合いは、なぜか心が温かくなる時間でした。

私は、この子どもたちに囲まれて生活したいと思いました。

時々テレビで児童養護施設の子どもたちの様子が映し出されていると、食い入るようにその映像を見つめて、子どもたちの姿を見ていました。

訪問先の施設では、皆人懐こく抱っこやおんぶを求めてきて、時間の許す限り、そこで子どもたちと時間を共にしていました。

私の手を取り合うように、自分の方に連れて行き、自分の持っているゲームで遊ぶようにしました。

一人の女の子は、私の背中に最初から最後まで乗り、この背中は自分の物だと言わんばかりに、しがみついていました。

私がどこへ移動しても、この女の子は私の背中から離れませんでした。

この子は、言葉はあまり発しませんでしたが、最後まで私の背中にいました。

きっとお父さんが恋しいのでしょう。

いつも帰る際は、たくさんの小さな子どもが淋しいまなざしを向ける中、後ろ髪惹かれる思いで、泣く泣く家路につきました。

どうしたらいいのだろう。

この子どもたちを救うにはどうしたらいいのだろうと考えながら帰りました。

今考えると不思議なことですが、一番小さい子どもの救いや子どもの心のケアは神学校では全く学ばず、所属のキリスト教会でも何も話されていません。

健常者の救いのみに焦点が当たっています。

教会

それは決して悪いことではありませんが、一番福音を必要としている人たちを後回しにしているように思えてならないのです。

キリスト教の教会や神学校と言えど、優性思想ではないかと思ってしまいます。

私は、恵満を引き取るとき、自分の牧師職は捨てようと思いました。

本来、牧師の仕事は、一番小さな人々に寄り添うことではないかと思っていました。

傲慢な私は、賜物がない、時には自分の心をごまかして、自分の教会の成長のみを目指して、大事な仕事に目をつぶってきたのです。

私は、神学校を卒業後、自分の中にある深い思いに蓋をして押し殺し、既成の伝道活動に邁進することになります。

そうしないと、キリスト教会内では評価されず、その当時百名の信者がいて凄い、この教会は霊的で、牧師は成功者のように言われていました。

そう感じたのは私だけかもしれませんが、私自身大きな誤解をしていました。

神の御心を全く理解していませんでした。

最初の教会

最初に遣わされた関東の教会は、宣教師が自分の私財を投げうって建立された教会でした。教会は温かくユーモアもあり、笑顔の素敵な宣教師と料理の上手い宣教師夫妻で、魅力的な宣教師夫妻に引かれて三十人ほどの人が集まっていました。私は、そんな素敵な先生の後を継ぎました。私にはそんな魅力はみじんもありません。

宣教師夫妻の魅力で集まっていた信徒はあっという間にいなくなってしまいました。

朝早く起きて祈り、聖書を読み、説教を頑張り、信徒を訪問しても、教会員の流出は止まりません。

全くうまくいきません。

有名な牧師が日本に来ると、ないお金を振り絞ってその集会へ行き、一番前の席に座って祝福にあずかろうと必死でした。

結婚をして四年目の私は、小さな子ども二人を抱えて、どうすることもできず、途方に暮れる毎日でした。

家内に事情を説明して、アルバイトに出ようかと近くのレストランに面接にも行きました。

牧師としての最初の挫折です。

牧師として着任して四年目、信徒はすっかり入れ替わり、地域の方々が集う教会へと変わりつつありました。

神学校卒業後、未熟な私は、なんでもできると勘違いしていたのか、また、自分の実力は何もないのに、自分の力と勘違いしていたのでした。

神の恵みにより、小さいながらも少しずつ教会は安定へと向かっていました。

そのような失敗ばかりの日々を四年間過ごし、兵庫県尼崎へと転地いたしました。

私は、少しでも人間関係を良くするために、必死で学びをしていました。心理学を学び、その当時人気になったカウンセリングも勉強して、今度の新しい地では同じ轍は踏まないように頑張ろうと心に決めての転地でした。

ところが心理学どころか、自分が学んだものと全く違うことが待っていました。赴任当初、教会は小さく信徒は数えるほどでした。

在籍している信徒は、互いにいがみ合い反発しあって、少ないのに争いの絶えない教会でした。

教会の運営は、数人しかいないのに、まるで何百人もいるかのような運営方法を取っていました。

私は、この人数でそんなこと毎週している場合ではなく、必死になり振りかまわず伝道しないと教会は滅んでしまうと危機感を持ちました。

ここでも挫折からのスタートです。

赴任早々、教会に残った重鎮より、「私はあなたの招聘に反対でした。しかし、対立者がどうしてもといったので迎えました」と言われてしまいました。

初めてなのに、よくこのようなことが平気で言えるのものだと感心しました。私は、何を言われても、教会の使命は伝道だから、福音伝道を頑張ろうと心に決めていました。

教会員名簿や新来者カードを見るとたくさんの方々の名前が書かれています。しかし、コンタクトが取れる人は一人もおらず、なぜここまで教会内でトラブルが発生するのか、最後まで理解できませんでした。

教会の隣に住む方も教会員ですが、教会員同士のいざこざで、コミュニケーションすら取れない状態でした。

私は、以前からの繋がりのある人々へのアプローチは諦めて、たくさんの新しい人々に教会に来てもらい、教会を新しく組織しようと様々な催し物を計画しました。宣教師によるバンジョーのコンサートや、子どもフェスタなど考えられることは全てやりました。

教会の敷居を低くして、一人でも教会へ足を踏み入れてほしかったのです。

徐々に教会には新しい方々、特に私たち家族と同じような子育て世代が集うようになりました。

少ないながらも、全くいなかった教会学校子どもクラスも復活しました。

礼拝前には、子どもたちが集い、本当にまったく静かだった教会に活気が戻り始めました。

路上生活者

ここで大きな問題がありました。

教会に集う人々は、子育て世代と共に路上生活者の人々も来ていました。

教会が在る近くに、六十人程の路上生活者がいて、教会の礼拝だけでなく敷地内にたびたび来られて、水道などを使っていました。

私は、最初路上生活者の人々が怖くて本当に嫌でした。子どもも小さいから本当に心配でした。

当然、子育て世代の方々との共存はできず、人々は教会に定着しませんでした。普通の方々は、路上生活をされている人々が来ると、教会へは来なくなっていました。私にとっては大変迷惑な方々でした。

そのころの私にとっては、本当の隣人であり、教会の近くで路上生活している方々は、伝道対象者ではなく、実に困った人々でした。

私には、別な意味での大きな葛藤がありました。

友人たちの伝道報告を聞くたびに、劣等感で自分は何とみじめだろうと思いました。

この教会では、普通の人々の伝道は難しいと思い始めた時です。

以前から教会の礼拝に時々出席される方が来て、話があると言われました。

この方はクリスチャンではないのですが、私の説教を聞いては、「神が愛だというのであれば、路上生活者を助けるのは、教会の務めではないか？」と言われるのです。

面倒な人が来たなといつも思っていました。

この方自身も、アルコール問題で家庭が崩壊して、ご自身も大きな問題を抱える方でした。

時々、夜中に教会へお酒に酔って怒鳴りこんできたり、何かあるごとに牧師である私に対して、文句をつける方でした。

この日もお酒を飲んで、同じように言われるのです。

「松原牧師、あなたの話を聞いていると、神は愛なるお方であるし、神は本当に存在していることになっている。もし、神が愛であるならば、教会の周辺にいる路上生活者の人々を、まず先に助けるべきではないか？」

このようなことが度々あり、数少ない教会員も、この方の言葉にのって、支援すべきではないかと言い始めたのです。

私は、本当にためらいました。

教会員の手前、教会近くに住む路上生活の方々への支援を渋々始めることになりました。

もちろん、建前は教会での支援です。実際には私一人で頑張る状態です。

渋々それらの人と接する中で、私の心が変化し始めたのです。

私に対して、実に親しく話しかけ、教会の水道を使わせてあげただけで、心から「ありがとう」と言うのです。

こんな私のことを昔からの友として受け入れてくれました。

彼らは、自分も食べる物もないのに、支援しようと上からの目線の私にも、食べ物を分けてくれるのです。

どちらがクリスチャンか分からないくらいに、自分は名ばかり信者だと思いました。

私に比べて、路上生活者の方が愛に近く、神の御心に近いのではないかと思いました。

傲慢な私は、このような豊かさに出会っていても、神の愛と神の御心に自分の方が近いと思いこんでいたのです。

だいぶ後になりますが、釜ヶ崎で働いている本田哲郎神父の証を読み、そこに書かれている、炊き出しに並んでいるキリストの絵を見て、自分がいかに間違えているかを悟ることになるのです。

その絵には、路上生活者のために、炊き出しをしているボランティアの側にキリストがいるのではなく、炊き出しに並んでいる方々の一番後ろで、ボロボロの着物に身を包んだキリストが並んでいます。

本田先生の解説では、炊き出しの列の後ろの方は、自分の分があるか心配で、前の方を心配そうにのぞき込んでいる。

その後ろにキリストは立っておられると言われました。

自分はキリストがどこにおられるのかも、知らずに伝道していたのです。

キリストの側にいる彼らと共に生きることにより、こんな傲慢な私の心が、徐々に溶かされ、クリスチャンらしく生きようと鎧で固めている冷たい心が、溶かされ始めました。

私の生き方、私の伝道は何か大きな間違いを犯しているのではないか？　と思い始めていました。

自分の生き方の方向が、神様の御心と大きく崩れていると思い始めました。

それも、心から喜んで始めたのではなく、いやいや渋々始めた働きです。

私は路上生活者と接して、心貧しいのは私の方であると思いました。

また、教会内ではいつも神の御心を求めて祈っていたのに、神の御心ではなく自分の勝手な思いを神の御心と思い込んでいると思い始めました。

神学生当時、しばらくの間共に働いた、宣教師のエブリンオーエン先生が良く言われていた言葉に「自分のしたいことではなく、神がしようとしておられることに参加しなさい。」があります。

私は、神がしようとしておられることを全く理解していなかったのです。周りの同級生の人々や同じ連盟に所属する方々の働きを見ると、自分はみじめだなと感じる、貧しい心しか持ち合わせていないのです。

それ以後、訪問と言えば、教会員の各家庭ではなく、路上におられる人の安否や食べ物の心配などに変化しました。

橋の下を家としている方が「病気」であると聞けば、風邪薬を持ってそこへ訪問しました。

夏には、数人と一緒にお風呂へ行き、背中を流しました。

仲間から「何々さんがいない」と聞けば心配で心配で夜中でも安否確認に行きました。

尼崎という町は優しい町で、コンビニでは日付の過ぎた物は全て路上生活者のために提供してくれました。
薬屋さんも期限の過ぎた風邪薬等は全て路上生活者のために提供してくれました。
そのような街の人々の愛に触れて、神さまはおられるのだなと思いました。
ある時、親子で路上生活をしている方に出会いました。
お父さんは、少し精神疾患のようです。
二十代前半の息子さんは発達障がいと吃音がありました。
二人の住んでいる、トンネルで度々話しました。
私が訪問すれば、いつも快く迎えてくれて、私がいる間中、付き合ってくれます。
彼らは、昼間は空き缶を集めてそれを売り、わずかのお金を得て生活していました。
詳しく聞くと、奥さんと離婚して、もう一人お子さんがいるが、消息不明だそうです。
実に苦しい人生を親子で歩んで来たと、話を聞いて分かりました。
そこに誰か助けの手を伸べる人が一人でもいたら違ったと思うことが度々ありま

す。

息子さんは、体力があるので職を見つけようと頑張りましたが、住所と電話がないとどこも雇ってくれません。

また、吃音があるので自分から人に話かけるのが苦手のようです。

学生時代にはいじめに遭うという辛い出来事もありました。

何とか仕事が見つかるように根気強く彼と共に面接を申し込みました。

すると、教会の近くの新聞屋さんが面接をしてくれることになりました。

事の次第を詳しく話し、私が保証人になることと、電話がないので私が彼との連絡係になること、それと私が定期的にお風呂に連れていくことを条件に奇跡的に採用してくれました。

最初は、夕刊配達のみでしたが、いずれは朝刊も任せてもらえそうです。

忠実な彼は一生懸命働きました。

ある時事件が起こりました。

新聞屋のオーナーから教会へ連絡入りました。

なにかまずいことが起こったのだと、電話を取ると、勤務の時間を過ぎても来ないので困っているということでした。

私はあわてて、彼の住んでいるトンネルに向かいました。

すると、彼は顔と体に大きなケガをしていたのです。

それも、見知らぬ酔っ払いに因縁をつけられて、かなり暴力を振るわれたようです。

彼は、吃音があるため上手に話せなかったようです。

とりあえず、病院へ連れて行き、応急手当をしてもらい、その足で職場へと二人で向かいました。

事情を説明し、二人で一生懸命謝りました。

オーナーは、寛容に話を聞いて許してくれました。

無断で休むのはいけないので、何かあったときはなるべく早く連絡が欲しいと念を押されました。

考えてみると、大きなリスクをおかしての採用だなとオーナーには感謝しかありません。

そのことを彼に伝えて、共に祈りました。

その日から暫くの間、私は勤務の時間に彼の所へ訪問して、彼と共に新聞屋さんまで行きました。

彼の心が不安の時は、共に夕刊を配りました。

彼は、一生懸命頑張ります。

気づけば共に新聞を配っているので、彼が配る家を全て覚えているのです。

そんなこと当たり前のことですが、今までのことを思うと奇跡に思えるのです。

あっという間の一か月でした。

最初の給料日が来たのです。

彼がものすごく嬉しそうにしていました。

自分で一生懸命働いて、その報酬がもらえるのです。

彼の飾らない嬉しそうな笑顔を忘れることができません。

あまりに嬉しそうなので、私は「何に使うの」と聞いてしまいました。

彼の答えは、一つは携帯の電話の契約。もう一つは、教会への献金でした。

私はびっくりしてしまいました。

私は、そんなことしなくていいから、自分のために使いなさいと言いましたが、彼は感謝のしるしとして、神様に捧げたいというのです。

私は感動してしまいました。

牧師の私には、全く出てこない発想です。

私は、彼の人生の中に神を見る思いでした。

生まれながらに、障がいを持ち、家庭は崩壊して路上生活を余儀なくされる。

行政も誰も助けてくれない中で、失望して人生を諦めて神を呪い人を恨んで生きてもいい状態です。

私ならきっと自暴自棄になり、全てを閉ざして生きていたに違いないのです。

私よりもずっと生きづらいはずの彼には素直さと感謝と神への信頼の心があるのです。

何か尊いものが、彼を通して私の心に刻まれたように思いました。

そうこうしているうちに、彼のお父さんが高熱を出したのです。

彼が直ぐに私の所に来て、風邪薬はないかと尋ねてきました。

私は風邪薬を持って直ぐに訪問しました。すると、かなりの高熱で、次の日、病院へ連れて行きました。

病院には、私の教会員が看護士として働いて、スムーズに事が運びました。

医者の診察中に、病院のソーシャルワーカーが同席して、患者に薬だけでなく、もっと在宅での援助が必要だと話し合われました。

風邪の治療に訪れた病院で、思わぬ方向に進みました。

主治医の診察の結果、血圧も二百近くあり、入院し、病院を住所に生活保護を申請することになったのです。

私は市役所の方から、彼のお父さんの生活保護の準備をするから、退院時の住居や最低限の物品を揃えるように言われました。

その支援金は高額ではありませんが、最低限生活が整うように支援費が出ました。

アパートは、不動産屋で値段の交渉を頑張りました。

必要なものを息子さんと一緒に準備して、お父さんの退院の日に迎えに行きました。

お父さんの病気も回復して、親子で久しぶりに家で過ごします。

彼らは、元気に暮らしています。特に息子さんは、ある教会のボランティアを担っています。

何年かぶりに彼に会うと、信仰を持ち実に頼もしく思えました。

にしやん

お酒におぼれてしまう弱さを持つ方と出会いました。
彼の名前は西村さんといい、にしやんにしやんと皆から言われていました。
にしやんは、本当にお人好しで、自分のことよりも他人を優先する方です。
お酒だけは克服できずに、お酒におぼれ路上生活者です。
にしやんの住まいは、橋の下です。
いつ訪問しても、お酒の匂いがします。
時々、路上で寝ているので、彼を起こして家に連れ帰りました。
銭湯にもよく一緒に行きました。
時々いなくなるので、探し歩きます。
その時は、二つ向こうの駅で路上生活者の仲間と一緒にいたので、ほっとしたものです。

彼は、空き缶を集めてわずかの糧を得ています。食べ物は働くこともできない年老いた路上生活者と分け合っていました。

いつも彼の姿から温かいものを感じていました。

私が彼を訪問するといつも「先生ありがとう」と満面の笑みで迎えてくれます。

それどころか、空き缶拾いで得たお金で、わずかの食べ物を買い、その中のおにぎりなどを、「先生、どうぞ」と差し出すのです。

私はもらうことができませんでした。

私は彼を励ますつもりで訪問して、いつも彼の笑顔に元気をもらっています。

本当に、神様に近いのはどちらだろうと思うのです。

ある時彼がいなくなってしまいました。

どこをさがしても見つかりません。

ある時、釜ヶ崎の方へ仕事を求めて行ったと聞いて、安心していましたが、そのうちに彼が死んだことを知りました。

最後の状態がどうだったのか詳しくは分かりませんが、本当に悲しい思い出です。

また、多くの人に、なんとか路上から在宅へと変わって欲しかったので、市役所に何度も交渉に行きました。

冬になると、やはり数名の方々が命を落とすのです。

その度ごとに、何とかならなかったのか、もっとやるべきことがあったのではないかといつも悔いていました。

制度上仕方がないことかもしれませんが、役所ではほとんど門前払いで、申請の手続きにさえ移れませんでした。

毎日毎日市役所に通っているので、多くの人と知り合いになり、違う課の方から「頑張って」という声もいただくようになりました。

生活保護以外にも、高齢者は少しでも年金はないのか、何か救える制度はないかとあらゆる課に相談に行きました。

尼崎市役所にいる時間が教会にいる時間より長いかと思う日もありました。

何度も通ううちに、不思議なことが起こり始めたのです。

ある時、一人の高齢者の生活保護申請に市役所を訪れると、今までは門前払いだったのに、その日は課長室に通されました。

そこで、暖かな雰囲気の中で話が進み、この高齢男性に生活保護を適用するという話になりました。

問題は住所がありません。

すると課長が、病院を住所に生活保護の申請をしましょう。

今から、入院してもらいます。

やさしい課長さんだなと思いました。

このことをきっかけに、多くの人々が主の助けにより、生活保護から在宅へと導かれました。

一人また一人と在宅や仕事へと導かれ、頑張っている姿は感動でした。

その多くは、教会へ来られて、教会生活も送り始めました。

路上生活者をしている方と普通に生活している方は、本当の意味で交わりはできず、普通の方が教会を去るようになっていました。

奈良時代

その頃教会では、私の働きが受け入れられず、反発の声も上がり、反対意見を聞くようになっていました。

そのような時、私は尼崎での働きを終えることにして、奈良の地に移動となったのです。

すると、ずっと支援していた天涯孤独の老人の方から、一緒に奈良に連れて行って欲しいと言われました。

その老人の移転を、市役所の担当者に相談したら、喜んで賛成してくれました。

生活保護は、各都道府県ごとになっているので、尼崎の保護を打ち切り、奈良で新たに申請の必要がありました。

すると、尼崎市役所の方が連絡をとり、様々な行政手続は、尼崎の市役所の指示通りに行いました。

私は、自分の引っ越しの中、彼の住む場所探しです。

奈良は、尼崎より家賃が高いのです。

私は調べるうちに、奈良教会の裏にアパートがあり、教会からも近く、大家さんに家賃の交渉をしました。

事情を説明すると、格安で貸してくれることになりました。

嬉しい限りです。

路上生活者の人々は、多くの場合発達障がいや精神障がいを抱えています。お金や家があっても自立生活とはいえません。

関係が必要なのです。

この方は在宅になりました。お金の使い方がわからず、生活保護費をその日に使いきってしまいます。しかも何に使ったのか分からないことも度々ありました。

ですから、私が毎日使えるお金を小分けにして、その方に渡すことにしました。

最初に支払い、残り使えるお金を毎日渡すことで、お金の問題は解決しました。

次は生活面です。

掃除洗濯が苦手です。特にお風呂は何日も入らないで、火曜日と金曜日に、私がその方の家に入り、掃除と洗濯をしてその間にお風呂を沸かし、入ってもらいました。

こんな使い方ができるのかと思うほど汚れているので、トイレ掃除は本当にやりがいがありました。

たぶん、この方に掃除をするように変化を求めても難しいと思いました。

この方が、お風呂に入っている間に、トイレ掃除をし、綺麗に仕上げたトイレをまた好きなように使っていただきました。

これでだいぶ生活面も安定し、その人らしい生活を送れるようになりました。

土曜日は、教会に来て礼拝堂の掃除と庭の草刈りをして、日曜日は礼拝に来て、お昼ご飯を食べて帰ります。

このように、教会の方々との交わりと奉仕の掃除をしているので、皆に感謝されて心も安定するようになっていました。

ある日、咳が止まらないと言うので、市販の薬を買って彼のもとへ行きました。

洋服を脱がせてふと彼の体を見ると以前より痩せているのです。

私は、悪い予感がして、すぐに近くの病院に彼を伴っていきました。

レントゲン撮影をして、その診断結果を一緒に聞きました。

肺に水が溜まっていて、この水を抜いたら癌が隠れているかもしれないと、すぐに大きな病院への紹介状を書いてくれました。

大きな病院での検査の結果、肺がんのステージ三期、手術は不可能で、抗がん剤で半年、何もしないと余命三カ月と言われました。

それから、辛い抗がん剤治療が始まりました。

抗がん剤治療のワンクールが終わり、二回目の治療に入ると、彼の衰弱は激しくなり、起きていられない状況になりました。

見るに見かねて、主治医に抗がん剤治療の中止を願い出ました。

すると、主治医の先生から思わぬ言葉を言われました。

抗がん剤治療をしないのであれば、退院してほしいと言うのです。

私は途方に暮れてしまいました。

末期癌の方が入るホスピスは知っていました。奈良市にはありません。必死で彼の最後の居場所を探したところ、二つ隣の街に、前年度ホスピスができたことを知りました。

問い合わせてみると、わずかに十室で百人待ちとのことでした。

私は、ホスピスの先生に会い、彼の今の状態を説明しました。何とか早く入れてもらえないかと無理を承知でお願いいたしました。

しばらくすると病院から連絡があり、優先して入れてもらえることになりました。

総合病院からホスピスに移る時、たぶん最後になるだろうと思い、車に乗せて教会の前と彼が生活した周辺を経由してホスピスに向かいました。

ホスピスは、入院していた病院の雰囲気と全く違い、ゆったりとした時間と、最期の時をその人らしく過ごせるように様々な工夫がなされていて、驚きの連続でした。

私は、二日に一回訪問して、彼の車いすを押し、ホスピスの綺麗な庭を散歩しました。

一緒に聖書を輪読して、共に祈りました。

この時間が続けばいいのにと思いました。

三カ月目を過ぎて、彼の体調は徐々に落ち始めました。

ベットから起き上がれなくなり、徐々に起きている時間は短くなり、食べる量が減り、みるみる体重は落ちて、主治医から今週中が危ないかもしれないと言われました。

真夜中に病院から呼び出しを受けました。

酸素の濃度が下がってきたので、召される時が近いことを言われました。

それと同時に、聴覚は最後まで残るので、反応がなくても声をかけてあげてください、と言われました。

「山口さん、来たよ、横にいるよ、わかる?」と呼び掛けると、彼はうなずくのです。

また、「死んで終わりではなくて、今度は天のみ国で会おうね」と言うと、それもうなずきました。

なんと安らかな最期でしょうか。

その数時間後、平和のうちに召されました。

私は、この経験から最期でも死ぬ場所がない人がいることと、このような平安の場所が奈良にも必要であることを実感したのです。

みぎわ・ホームホスピス

特定非営利活動法人「みぎわ」が活動を開始したのは二〇一六年三月。ホスピス経験があった後、不思議ですが、共にＮＰＯみぎわを立ち上げて働いてる櫻井さんとの出会いがありました。

この出会いが、多くの赤ちゃんを救い、人生最後を過ごす方々のホスピスも実現しました。

櫻井さんは、長い介護の経験から、人生最後の人々を強く思いやる人です。

彼女からは、私にたくさんの資料でホームホスピスが宮崎県で始まっていることを教えてくれました。

ホームホスピスは、医療系のホスピスと違い、がんとエイズ以外にも多様な地域の必要に応える最後の場所として始められていました。

それをスタートされた宮崎県の「かあさんの家」の理事長である市原さんが奈良に講演に来られるというので、二人で聞きに行きました。

私は、こんな素晴らしい働きがあるのかと驚きでした。

市原さんの考え方は、癌や難病で困っている人だけでなく、その家族を思いやり、家族の側に立って物事を考えて、最善を尽くすことです。

このホームホスピスの考え方は、その人、その家族にあった形で支援をし、その根底にあるのは家族です。

患者は職員を中心に疑似家族を形成し、最後まで家庭内のような安心感の中で過ごすのです。

私は、この働きこそクリスチャンがするべきことだと思いました。

講演が終わった後喫茶店で、何とかして奈良にホームホスピスを作りたいと話し合ったのを昨日のことのように思い出します。

私は、介護業界について全く素人でした。櫻井さんは長年働かれて裏表を知り尽くしている方ですので、心強い存在です。

話しだけでは分からないので、宮崎に見学に行くことになりました。

櫻井さんと二人で、宮崎県のホームホスピス「かあさんの家」を見学させてもらいました。

そこでは、人生最後の方々が自分の家にいるような安心感の中で、生活されていました。

私は本当に驚きと共に、こんなことが民間でできるのだと感動しました。

また、その方の最後、お見送りの時に、その日の勤務の方だけでなく、全ての関係者が集まり、その方の最後を見送ると聞きました。

最後まで、一人にしない考え方はクリスチャンそのものだと思いました。

実務は櫻井さんに任せて、自分は進むべき方向の旗印を立てること、きっと逆風が強く吹くことが予想されたので、その風よけになることを心に決めてスタートしました。

私のできることは本当に少なく、櫻井さんが大きな犠牲を払って中心で頑張ってくれました。

実際に奈良で動き出した時、まず働きの中心になるNPO法人を立ち上げることから始まりました。

奈良教会で設立総会を開いてもらいました。

私は、行政的なことは全く分からないので本当に戸惑いました。行政書士さんに助けてもらいながらNPO法人を立ち上げました。

次に、介護の事業所を県に申請です。

このホームホスピスで実際に働いてくださる方は、できればクリスチャンの方に参加してもらいたいと思っていました。

出会いとは不思議なもので、教会にしばしば訪れ、ゴスペルの働きをしている方が、この件にぴったりな人がいると紹介してくれました。

その方は、違う教会のクリスチャンの方で、ご主人をガンで亡くされ、それを看取った方でした。

教会の牧師室に来てくださり、一緒に夢を語り合いました。

彼女は、ご主人をガンで亡くし、看取った経験から、人生の最期を歩む人に寄り添うことの大切さや、それをクリスチャンがしなければならないと、心の中に熱い思いを秘めている方で力をもらいました。

今現在も、ホームホスピスの中心で働いて下さり、「みぎわ」の中心的な存在です。信仰熱心で、いつも元気いっぱい。その笑顔の優しさから、彼女を通して信仰に魅力を持つ入所者もたくさん出ていて、信仰面でもみぎわの原動力です。

一番初めに、共に働いてくれる方が与えられ、本当に大きなことでした。

この日から、ホームホスピス開所まで毎週三人で祈りの時を捧げました。

次に場所の選定です。

本当は、奈良市内で行いたいと思いました。候補地はどこも断られ、隣町の大和郡山市に決まりました。

いろんなことが、時間との闘いで、必死でした。

特に、日本財団の助成金の申請は、締め切りぎりぎりで間に合いました。

本当に、神様の導きだと思います。

このホームホスピスが開所する前に、この働きが必要であると思い知らされる出来事がありました。

海外で長く看護士として働いていた方が、日本に一時帰国した時に、自分はガンであると分かりました。

急遽日本で治療が開始されましたが、病状は進んでおり、あまり良い状態ではありませんでした。

彼女は、がんに神経を圧迫されて歩行困難になる前日まで教会に来ていました。

歩行が困難になり総合病院に入院されました。

もうすぐホームホスピスみぎわが開所するから、来てくださいとお誘いしていました。

体調があまり良くない日が続き、私が見舞いに行くと、病室でお母さんと口論している声を聞きました。

「痛いって言ってるでしょう。なんで私がこんなことになるの?」

お母さんは黙って聞いていました。

しばらく何気ない話をして、お祈りをして帰ろうかと思っていると、お母さんが

「松原先生帰らないでください。」と言われるのです。

がんを患う娘さんも「松原先生帰らないでください。あなたがいると癒されます。」

と言われました。

私は驚いてしまいました。

病状は何も回復していないのに「癒される」という言葉を使われたのです。

私はこのことを通して、「治る」と「癒される」は違うのだと分かりました。

近くの病院にホスピス病棟ができて、その方もそちらのホスピスに移ることになりました。

そこに移った後に、状態を知った彼氏が海外より来日したのです。

彼氏が一週間この方の側にいてくれました。

二人は病院の計らいで、二人の結婚式を挙げたのです。

花嫁衣装に身を包み、最高の笑顔をしていました。

彼女が言いました。

「これで全部きりがつきました」

病気は治らないけど、自分のこの世の使命をなし終えて人生を締めくくれる。

「松原先生ありがとう」

お母さんからも厚く感謝されました。

私が葬儀を執り行うように生前にお願いされていましたので、葬儀もさせていただきました。

彼女が最後に残した言葉が「準備は整いました、それでは行かせていただきます」と意識が混濁する中で、一時の冷静さの中での最後の言葉でした。

この後、この方は真に「癒されて」天に帰られました。

奈良にホスピスは必要だとこのことを通しても思いました。

ホームホスピスは間に合いませんでしたが、大切な学びをさせていただきました。

ホームホスピスがオープンして、最初の入所者は私の母でした。

母は和歌山県の龍神村出身で、貧しくて、養女に出される寸前で京都に出てきました。

京都へは、風呂敷包み一つでの姿だったようです。

父との結婚生活は、決して幸せなものではなく、苦労の連続でした。

五十代で脳梗塞を患ってからは、みるみる弱っていきました。

恥ずかしい話、教会の二階に住む私は、母を引き取ることができず、グループホームに移りました。

脳梗塞からの認知症も進み、体力も日に日に落ちてきました。

病状が進行した母は、グループホームに入っている頃、息子の作るホームに帰るとしきりに言っていたそうです。

櫻井さんが、見かねて「お母さんをホームホスピスに移そう」と言ってくれました。

母は高熱を出したりして、移るタイミングがなかなかありませんでした。

そんなある日、熱が下がりこの日がチャンスだと櫻井さんと二人で迎えに行きました。

私が運転して櫻井さんが後ろの席で母を支えます。

よく見れば、もうボロボロで良く生きているなと思いました。

櫻井さんが母に「お母さん、息子さんを産んでくれてありがとう」と語りかけていました。

母の顔は見えませんが、私は以前書きましたように、中絶対象者であるため、存在の不安がありました。その言葉に、本当に癒され存在していていいのだと感謝しました。

母は、ホームホスピスで五日間過ごし、早咲きの桜を見て静かに召されました。

ホームホスピスでは、全ての薬を止めて、食べたいものを食べ飲みたいものを飲んで、最初で最後のわがままを許してもらう生活でした。

このようにみぎわの基礎ができ始めていました。

みぎわの基本は、ホームホスピスです。

入所者は、家族のように接してくれるスタッフ達によって介護がなされ、介護が困難な方々もみぎわに来て、心開かれ今までの人生で経験したことのない愛を受けて幸せな日々を送ります。

病院に入院中であったS子さんは、心臓疾患を患い、みぎわに来る前に、認知症で会話も困難でしたがみぎわに入所されました。

ご家族はいますが、本人の後継人がたてらていました。

家族関係が最悪だったと思います。

みぎわに来られて、会話が進まない中で、ある晩櫻井さんがこの方のベットに添い寝をしたのです。

すると、認知症で話せないと言われていた方が、話し始めました。

「私は生きていてもいいのか？　ここにいてもいいのか？」

人は皆あるがままに受け入れられた時に、心を開き、今までの人生どんなに苦しくても悲しくても全てが許せるようになるようです。

みるみる回復し、意思の疎通は取れるようになり、流動食が固形食に変わりました。

尿排せつのために着けていたバルーンも取れてオムツに変わりました。

みぎわの人間と仕事に触れて、人間らしく変えられました。

みぎわでの生活を本当に楽しまれて、惜しまれつつ天に召されました。

Ｆ島さんは、目の奥にがんができて全ての治療を断ってみぎわに来ました。

ご家族との関係は良いだろうと思っていました。後々聞いてみるとあまり良くありませんでした。

みぎわの方々の寄り添により、心開かれて、みぎわのお庭を散歩したり、手作業をされたり、本当に充実した日々を過ごしました。

このままがんの進行がとどまっていたらいいのにと思っていましたが、少しずつ進行していきました。

そんなある日、私が訪問したら、Ｆ島さんより質問を受けました。

「私のもしもの時は、松原先生お葬式をお願いします。」

私は、驚きました。

クリスチャンでもない方からの葬儀のお願いでした。

この方の症状を知っているので、「私が責任をもって天国へ送ります。」と答えました。

「ありがとうございます」と言われた後に、「キリスト信者になるにはどうすればいいですか?」と言われるのです。

みぎわの働き人の愛に触れて、自分も同じ信仰を求められたのです。

私は短く聖書のお話をして、共にキリストを心に受け入れる祈りしました。

その後直ぐにみぎわの病床洗礼を受けました。

私は聞きました。

「今のお気持ちはどうですか?」

「平安です。」

奈良において、神の平安の内に生活する素晴らしい場所が生まれていったのです。

幼稚園

話は前後しますが、ホームホスピスを始める一、二年前に、テレビニュースは、虐待で命を落とす子どもたちの報道を多数していました。

その中でも忘れられない出来事がありました。

あるシングルマザーが、一歳と三歳の我が子を残して彼氏の所に行きました。

何日も家を空けているので、当然幼い命は失われてしまいます。私の心を抉ったのは、この二人の幼い子どもたちが絶命する時に最後に食べた胃の内容物の報道でした。

「マヨネーズと段ボール」

これを聞いた時に、自分の心の中に表現できない痛みと苦しみを味わいました。

同時に、この子どもたちの魂の叫びを、泣き声を、神は聞かなかったのだろうか？

二人で泣いて二人で助けを求めたはずなのに、もし、神がいるのであれば、あまりにも残酷ではないか、本当に神はいるのだろうかと思いました。

それよりも強く心に迫ったのは、自分はキリスト者として、本当に困った人々に手を差し伸べてきたのか。一人で子育てし、誰も助けてくれないお母さんに手を差し伸べたのかと言う、自分自身に対する疑問です。

一番安全地帯から出ることを好まず、傷つくことや失うこと、失敗することを極度に恐れて何もしない醜い自分の姿。

毎週教会の講壇からは神の愛を説きながら、何もしていない自分の姿がそこにあったのです。

私にできることは何だろう、私にできることは何だろうと考える日々が続きました。

前年、私の働いていました教会は、新会堂になったばかりで、地域に開かれた教会を目指して祈り求めておりました。

毎日、教会に人が来てくれるにはどうしたらよいだろう、地域の人々を支えられる教会になるにどうしたらよいかと考えていました。

このような状況を踏まえ私は、この地域のお母さんと子どもたちに寄り添うために、附属幼稚園を教会に併設したらどうだろうかと、教会の役員会に提案をしました。

すると、全会一致で反対されました。

「牧師は教会を商売の道具にしようとしている。」「他人が会堂に足を踏み入れるのは反対だ。」「子どもはうるさい、新しい会堂が汚れる。」などの意見が出されました。

陰では、「牧師のわがままには付き合いきれない。」と聞こえてきます。

私は諦めませんでした。

幼稚園の教師になってくれる人が教会員の中に二人いたので、その方々に相談をしてみました。

二人共、保育士の免許をお持ちであり経験者でした。

お二人を、近くの喫茶店に誘い、自分の思いを語りました。

近年、虐待で子どもがたくさん死んでいること、子育てが大変厳しい世の中であること、このような子どもたちのお母さんの支えになりたいと、これは教会がしなければならないことだと思っていると、熱心に話しました。

熱心に話せば話すほど、二人の顔から血の気が引いていくのが分かりました。

お二人から「松原先生、正気ですか？」「今は少子高齢化で子どもが少なく、幼稚園は吸収合併してなくなりつつあるのですよ」「絶対無理です」と釘を刺されました。

不思議なことですが、このお二人の中のご友人の方が、元公立幼稚園の教師をしていて、ずっと地域で子どもたちのために活動している方を、紹介してくれました。

私は、早速アポイントをとり、ご紹介を受けた方のご自宅へ向かいました。

今までの働きをお伺いする中で、写真などを見て、どれだけ子どもたちを愛し、子どもたちのために働かれてきたか、直ぐに理解できました。

その後、私が子どもたちの現状をお伝えし、子どもを守りたいこと、お母さんの支えになりたいと、何より「クリスチャンが子どもを抱き上げて欲しい」と、クリスチャンではない方に、必死でお願いしていたのです。

何を思ったか、初めてお会いした方に「僕と心中する思いで、この働きを手伝ってもらえませんか」とお願いしていたのです。

今までの流れから、当然断られるだろう、上手く断られるだろうと思っていたのです。「その夢を継がせていただきます」と言う返事でした。

この方を中心にして、附属の幼稚園の働きを進めることになりました。

だが、教会は「クリスチャンでない人が教師で入ってくるのはダメだ。」

何より教会は祈りの家である。

一番きつい言葉が「教会を乗っ取ろうとしている。」

挙句の果てに、「サタンの働き」とまで言われました。

お祈りしたい時に、教会へ行っても子どもたちが走りまわっていたら、祈りができない。

何より前例のないことは絶対ダメである。

私は、教会員のお気持ちも大切にしたいが、今目の前で子どもたちが亡くなっていくことだけはどうしてもダメだという思いが拭えません。

批判されても非難されても、子どもたちのために何とか進めようと必死で取り組みました。

なにより、これから新しく働こうとしている先生に聞かせられないので、私が先生の楯になろうと思いました。

教会の総会において、全員快く賛成とまではいきませんでしたし、渋々賛成の方も多かったと思います。

こうして、二〇〇八年四月に幼稚園を設立し、何とか開園するまで辿り着きました。

この幼稚園が教会の伝道活動を大きく前進させる原動力となるのです。

お金も物も何もありませんでした。閉園した幼稚園の下駄箱や椅子などを奇跡的に譲受、また、地域の子育て教室で使っていた机や遊具などの物が、この日を待っていたかのように集まり始めたのです。

肝心の教師たちも中心の先生に引き寄せられるように外部から集まり始めました。

しかも、集まってくる先生方は、皆クリスチャンで以前洗礼を受けたが、今は教会から遠ざかっている人たちで、教師になると同時に教会員となり、信仰が復活していきました。

神のなさることの奥深さと尊さを目の当たりにしています。

それとともに、中心の働きを担っている未信者の先生が、新会堂でバプテスマ第一号となったのです。

開園から三年は、先生方は本当に無給と言ってよいくらいの少ない給料で、頑張り通し、その上教会に幼稚園から献金をしてくれたのです。

本当に優秀な先生方で、子育てと共に親育てもできる器の大きな先生方ばかりです。本当に子どものみならずお母さんが支えられ始めていました。

虐待の連鎖にある家族や崩壊寸前の家族が立ち直っていきました。

最初の卒園児は公立幼稚園で一言もしゃべることもできない、秋にこの幼稚園に転園してきた年長の子どもです。

その子は、公立幼稚園担任の連絡によれば、「この子はだめで、一言もしゃべれません」と言われていました。

この子は、この園に来て先生方と出会い、豊かな愛の中で生活するうちに、この幼稚園のリーダー的存在になり、みんなを引っ張り出しました。

この子が、この幼稚園の卒園児第一号です。

卒園を前にして、この子の父親が心配しました。

それは、自由な校風のこの幼稚園ではなく、公立の小学校は大丈夫なのか、また一番の心配は、以前の幼稚園の人たちが同じ小学校になるので、それを心配していました。

卒園する娘には話したところ　答えが返ってきました。

「私は、大丈夫」「私にはイエス様が一緒におられるから大丈夫」と答えました。

この子は、卒園後立派に成長し、高校生の制服を見せに幼稚園に帰ってきてくれました。

ある保護者は、主任の先生の深い関わりにより、離婚寸前の家庭が崩壊から立ち直りました。

先生方の献身的な働きに頭が下がります。

いつも、問題と資金難に苦しんできましたが、先生方の肯定的な考え方と、何より子どもを愛する熱い思いに支えられてきました。

ある時、幼稚園で座っている時間が短い、活発過ぎる園児が私のお尻を叩き、このように言いました。

「園長先生、私はバプテスマ（洗礼）が受けたいです。」

難しい言葉を五歳児が使ってびっくりしました。

この子も、別の場所で、その行動があまりにも活発で「サタンがついてる」とまで言われた子どもでした。

この子が、幼稚園で愛されて、変えられて、洗礼を教会で受けたのです。

教会員は皆感動して、この教会に幼稚園をお建てになったのは、人ではなく神様ご自身だと感じ始めていたのです。

本当に良い評判が立ち、この幼稚園に入園するために、近くに家を借りて引っ越しをしてくる家族も出始めました。

幼稚園は、しっかり地域に根付き始めました。

隣の方や、近所の方々からも大変良い評価をいただきました。

教会幼稚園の欠点は、運動場が小さいことです。

小さな園庭しかありません。

主任先生が、常に子どもを大きな場所で遊ばせてあげたいと言っていました。

園の前に大きな田んぼがあります。

その持ち主より、冬の間は、その田んぼで子どもを遊ばせても良いと言ってくれました。

子どもたちは、冬になると自作のタコを作りその大きな田んぼで走り回りながら、タコを上げています。

また、近くの農家さんより、イチゴ狩りやジャガイモ堀を無料でさせていただけるようになりました。

それも毎年誘ってくださいます。

本当に善き幼稚園が生み出されています。

小さな命

養子縁組

そんな時、幼稚園の保護者から相談を持ち掛けられました。

その方は、医療関係に勤めている方で、園長室で話していると、「園長先生、一年間に中絶により命を落とす子どもの数を知っていますか？」と聞かれたのです。

私は、知っていたのですが「何人ですか？」と聞き返しました。

「二十万人です」と言われました。

自分の心の中でいつも呻いていた数字を他人から聞くことにより、自分の心の中にある、真実の思いと癒されることのない傷のようなものが大きく疼き始めました。

その方との会話の中で、これは神様からの促しに違いないと確信しました。

この働きを始めるには、今まで以上の労力と再献身が求められると心の深い所で感じていたのです。

何をどのようにという訳ではありませんが、全部献げる必要を思いました。

そのような心の呻きはひた隠し、その方にお願いしたのです。

「あなたの勤めている産婦人科の医師に私を会わせてください。」

キリスト教の牧師で、中絶のことで話がしたいと聞と、絶対断られるだろうと思っていましたが、時間を取ってくださり、お会いできることになりました。

大阪平野区にある産婦人科の久川医師は、大変優秀で母子のことを本当に考えて仕事をしている素晴らしい医師でした。

面会の時、私は必死で先生に事の中心をお話しました。

「どうか、最前線で小さな子どもの命を守ってください。できれば、中絶を止めてください。妊娠継続をお願いして、育てられない子どもは私が責任をもって温かな家庭に繋ぎますから、命を守ってください。」と一生懸命にお願いしました。

するとその日の夜に、久川先生よりメールが届きました。

松原宏樹様
昨日は遠いところお越しいただきありがとうございました。

あの後、私なりに考えました。

ダウン症などの子どもの養子縁組の体制を作ること、この選択肢が日本でもできたら本当に素晴らしいと思います。

私にとってもライフワークとして取り組みたい案件です。

早速一般産婦人科の、高次医療機関の先生にも提案してみたいと思います。

スタートするにあたり私も全力で協力させていただきます。

ゆたかマタニティー超音波クリニック
久川豊　拝

涙がこぼれる内容のメールをいただきました。

私の名前はどこにでも出して下さって結構です。

お使いくださいと言われました。

久川先生は今でも協力産婦人科です。

協力産婦人科という心強い味方を得て、命を繋ぐ特別養子縁組の働きが二〇一八年にスタートしました。

一番難しいと思った産婦人科の協力が最初に与えられたことは神様の配慮でした。

当初は何をしていいか分からず、どうしたら望まない妊娠をした女性に出会えるのか来る日も来る日も試行錯誤の日々を過ごしました。

とりあえず、そのような情報がありそうな所に自分の足で行き、自分の目で確かめることを優先して、とにかく行動を心掛けました。

いろいろ、言われている常識も自分の目で見て確かめ自分の足で稼ぐことを常としました。

日本財団が特別養子縁組を支援している記事が新聞に載っていたので、アポイントも取らずに、日本財団の本部で「この記事を書いた方に合わせてください」とお願いしたり、とにかく小さな情報もキャッチして子どもの命を救いたいと思いました。

私は常々疑い深い、信仰とは程遠い存在なので、自分が確信をもって進むようにしました。

道なき道を歩む中なので、本当に途方に暮れることも多々ありました。

中国地方の場所で、特別養子縁組の集会が持たれたと聞き、その県の担当者と連絡を取りたいと、足を運びました。行ってみると、担当者にそのようなことがあったことすら知らないと言われました。

また、管轄の児童相談所にも聞いてみましたが、全くの空振りです。

私は遠くまで来て、何の収穫もなく、また担当者も全くその気がないことを知り、帰りの駅までの道のりは本当に絶望的な気持ちでした。

次の日には、せっかく遠くまで来たので、その県での特別養子縁組の状況を聞こうと県の方と話をしていると、鳥取子どもホームのことをお伺いしました。

アポイントも何も取っていないのに、私は訪ねることにしました。

訪ねてみると、そこの担当者の方が大歓迎で迎えてくださり、鳥取の状況と課題や子どもホームのことを詳しく話してくださいました。

鳥取県は、産婦人科において特別養子縁組のことを紹介していると聞き、なんと素晴らしい取り組みかと驚きました。

ある時は、「小さな命を守る会」の辻岡先生ご夫妻をお尋ねして、先生の取り組みとご指導をお願いしました。

先生ご夫妻が苦労して歩まれた道筋を聞き、本当に長年尊い働きをされてこられて素晴らしい思いと、大変なご苦労を思いました。

そのお話を伺う中で、お腹の中の小さな命が多くの人の人生を良い方向に変えてきていることを知りました。

特別養子縁組のための集まりは、できる限り遠くても出席して、様々な所で活躍している方々と親交を深めることができたことは宝でした。

このようなこともあり、それぞれに苦労しながら頑張っている方に力をもらい奈良に帰ってから、新たな取り組みを始めました。

大阪環状線の各駅に降り立ち、そこでチラシを配り、望まない妊娠をした方が連絡できるようにさりげなく駅の切符売り場にチラシを置いてきました。

環状線の駅を全部降りてチラシを配ろうと心に決めていました。

とにかく、毎日少しでも時間を取って、望まない妊娠をした女性に出会うために、チラシを配ったり、必要とする集まりで話をさせてもらったりしました。

ある時は、大阪の島之内界隈において売春をしている方々に出会うため、近くでチラシ配りをしていました。

ある方の紹介で、売春婦の方々を束ねるマフィアのボスに合わせていただくことになりした。

私は代理の方に、仕事の邪魔はしませんから、望まない妊娠をした女性の安全とお腹の子どもの命だけ助けるお手伝いをさせてほしいとお願いしました。

アポイントをとって、お会いする話になると代理の方が「松原先生が会うのはやはり危ない」と言うので実現しませんでした。

大きな課題があることが分かりました。

二〇一八年、法律改正に伴い、特別養子縁組を斡旋する団体は、県の登録制から認可制に変更になりました。

私たちは、経験等が浅いので、県の必要事項を見て認可してもらえるか不安になるほど、難しい内容でした。

情熱だけはあるものの、何より私を筆頭に素人の集まりで、認可していただけるのか分かりませんでした。

奈良県は、特別養子縁組する団体を管轄する窓口さえない状態で、行き詰まりを覚えました。

共に働いている方々は掛け持ちで、お給料も潤沢にはありませんし、なにより営利目的でありませんから、働きの資源は寄付しかありません。

認知もなく働き始めたばかりで寄付もありません。

なにより行政対応ができる人もいませんでした。

不思議なことですが、行政対応ができる人がこの働きのために、加わってくださり、何とか認可のための申請書を書き上げ、県に提出しました。

県には窓口がありませんから、私たちの申請書の封筒を開封することもなく、棚上げ状態でした。

そんな時、京都大学教授の高橋裕子先生が主催する、日本子ども健康科学学術総会で、講演させていただくことになりました。

高橋先生は、クリスチャンでもありました。

そんな、立派な先生が私に時間をくださったのです。

実に勇気のある方です。

与えられた時間を全力で、子どもたちの現状など無我夢中で講演させていただきました。

最後は、「子どもたちの命を助けてください。」と涙を流しながら話していました。

講演終了後、一人の女性が「松原先生、お話感動しました。一度ゆっくりお時間くださいl」と言われました。

この方は、奈良県県議会議員、猪奥みさとさんでした。

後日、時間を取って訪問してくださいました。私は中絶で命を落とす子どもの現状と、奈良県にはその窓口さえない状態を話しました。

私たちの申請書も棚上げ状態であることもお伝えしました。

猪奥議員が帰られて、次の日に奈良県の担当課より電話があり、申請書の件でお話したいと担当課長と担当者が来られました。

今までの対応とまるで違い、一緒に進めたいと言われました。

猪奥議員が担当課と話してくださったからだと思います。大きな出会いに感謝いたしました。

その後は、奈良県の担当者と二人三脚で進め、認可の申請書や必要書類を集めることもできたのです。

いろんな人々の助けと祈りがあり、無事奈良県より認可を受けて活動がスタートしました。

いつも神様の導きの不思議さを思い知らされます。

最初の相談者

最初の相談者、関東の産婦人科の医院長先生から、障がいの赤ちゃんの相談をいただきました。

その相談は、確かクリスマスイブではなかったかと思います。

その子は、ダウン症の女の赤ちゃんでした。お母さんが受け入れられず、育児放棄でした。

お母さんの育児拒否が強いものの、ご主人が養育の気持ちが強いことは、少し光が見えていました。

この相談をきっかけに、堰を切ったように多数の相談が入ってきました。

初めての委託は、ダウン症の女の赤ちゃんの相談でした。

このケースは、他団体からの紹介でした。奇跡的にクリスチャンの養親候補が与えられて、その家庭に委託することができました。

この赤ちゃんの委託を通して、いろんなことを学びました。

その後も、たくさんのダウン症をはじめ、様々な障がいや病気の赤ちゃんの相談がひっきりなしに入りました。

恥ずかしながら、今まで聞いたこともない障がいや病気の赤ちゃんの相談も少なからずありました。

私は、こんなにたくさんの障がいと病気があり、それらの苦しみを相談できる場所もなく、弱音を吐くこともできない家族がいることを知りました。


イエス様は「すべて重荷を負って苦労している者は、私のところに来なさい」と言われています。障がいや難病を抱えている赤ちゃんとその家族、また育ててもらえない赤ちゃんが背負う運命に自分の身を置くことになりました。

今まで、教会の牧師として教会員の悩みや教会の働きに苦労を覚えておりましたが、この赤ちゃんが背負う重荷は次元の違う重さと苦しさ、あまりにも冷たい運命の重荷でした。

今まで自分は何をしてきたのだろう。

大切な時間を何に使ってきたのだろう。

自分の教会が大きくなり繁栄することばかりに目を奪われ、本当に困っている、しかもお腹の中にいる小さな小さな命に目を留めることをしてこなかった。

その小さな命は、神の大きな計らいで障がいがある、病気がある。

その子は生まれても帰る家がない。

お父さんがいない、お母さんもいないのです。

私は、この相談件数の多さと赤ちゃんが担っている障がいや病気の重さに、心がつぶされてしまいそうでした。

自分より能力のある牧師はいる。その方の力が必要だと思いました。

また、大きな教会はたくさんあり、経済的にもこれらの教会に頑張ってもらえないかと真剣に考えていました。

色々なことを考えている間もなく、次々に相談が入り、それぞれの必要に対応せざる得ない状態が続きます。

特定非営利活動法人「みぎわ」は、二〇一八年に立ち上げた時は、教会内では、役員会や総会を開くと、「松原先生勝手なことをして迷惑です、独断は皆の迷惑です」とよく言われました。

自分の信念「目の前で困った人を置いておけない、何とかしなくては」といつも思っていました。

今でもたくさんの批判にさらされています。

一番小さな赤ちゃんが障がい病気のゆえに、帰る家がないのに、それをほっておくことはできませんでした。


多くの方々の相談を聞きながら、分かったことがありました。

望まない妊娠をしても、中絶を思い止まって、出産して、育てられないのであれば、新しい家族に繋ぐ。また、望んだ妊娠で赤ちゃんがお腹の中にいる時の出世前診断により、障がいや病気があることが分かると望まない妊娠に変わることです。

私自身は善人ではありません。この日本社会は、豊かになったと言いながら、障がいを持つものや難病の人を排除しようとしているとしか思えません。

昔から優性思想にどっぷりつかり、ともすると普段の会話の中でも当たり前のように、優れたものを良しとする発想ばかりであることに気づきます。

クリスチャンであっても、全く同じで、教会は健常者しか出席できませんし、伝道も健常者を対象としています。

私たちキリスト者もそのような実態を素直に認めて、神様の導きを求める必要があると自分を見ていて思います。

望まない妊娠をしたのではなく、望んだ妊娠が望まない妊娠に変わるとき、それは大きな失望を伴い、その後思い描いていた、あたたかな家庭の理想が全部壊れてしまい、障がい児を育てるイメージを持つことができないのです。多くの場合、うつ症状や自殺願望にとらわれてしまいます。

特別養子縁組を希望しても、多くの団体で障がいを持った赤ちゃんは養親候補がいないので、断られる場合がほとんどです。

東京のある臨床心理士が言われていました。東京都で、健常な子どもを待っている養親候補は五百組ほどいるが、障がい児を希望する家族はゼロであると言われていま す。

特別養子縁組制度は法律と共に、少しづつ充実してきました。障がいや難病の子どもたちのことは全く進んでいないのが現状です。

ですから、多くの家族は、万策尽きて全てに断られ、私たちのところに連絡をくださる方も多いのです。

最後の砦のように思ってくださることに本当に喜びを感じます。

私は、これらの方々に関わり、どんな状況でも希望があることを伝えてきました。

それは、口だけのことではなく、今まで不思議な神様の導きとしか思えない方法で、障がいの子どもたちが温かな家庭に繋がってきたのです。

私自身が障がい児や難病の子どもの実の親になったことにもよります。自分の経験を通して話せるようになりました。

その経験から、そんなに心配しなくても大丈夫なことや、一緒に励ましつつ子育てしましょうと共に歩んでいます。

特別養子縁組その一

ダウン症の男の赤ちゃんの相談を受けました。

赤ちゃんは乳児院に入りましたが、自宅養育となり、育てられないので特別養子縁組を希望されました。

私は、電話とメールで話し合いを何回か重ね、家庭訪問の必要性を強く感じました。

いつも自分の感覚に正直な行動をしています。

その当時は、お金もなくノウハウもなく何もない中で、とにかく行動することに、仲間からも強い批判がありましたが、行動に促される強い思いが自分の心を突き動かしてしまいます。

家庭訪問に伺うと、いろんなことが見え、感じました。

一つは、この子を特別養子で委託した場合、離婚する予定であることでした。もう一つは、両親二人の思いからは、この赤ちゃんに全く愛情や思いが感じられないのです。この子は、冷たい雰囲気をいっぱい浴びて目を閉じて眠っています。思わず涙がこぼれそうになり、このまま連れて帰ろうかと何度も思いました。言葉で表現できないですが、子どもの心を感じ取ってしまうのです。

訪問最後には、いつも赤ちゃんを抱っこさせてもらいます。

この子を抱き上げると、目を閉じているのですが、この子の左手は私の腕をしっかりと掴み、何かを訴えているように思いました。

断腸の思いで家庭訪問を終えて、家路につきました。辛い心と共にこの子を受け入れてくれる家庭は存在しないのです。

健常者であればという声を何度も聞いていました。

この子が気になって仕方のない毎日でした。次の週に私が属しているバプテスト連盟の障がいと教会委員会の集いが、私の教会で行われ、私が話す時間をいただきました。

その時は、この子のことしか頭にありませんでした。

私は、ぐっとこらえて、日本の中絶の現状と特に障がいを持った赤ちゃんの行き場のないことを全力で話しました。

その集会が終わった後、一人の方が声をかけてくれました。

自分たち夫婦は、特別養子縁組希望です。児童相談所の手続きを全て終えています。

先生の今日のお話を聞いて、障がいを持つ赤ちゃんのことを考えたいと思いますと言われました。

私は、大変失礼かと思いましたが、その方に、今直ぐに家庭を必要としている緊急性のあるダウン症の赤ちゃんがいることを伝えました。

最後に「この子を命のテーブルにのせてあげてください」と一生懸命お願いしました。

次の日、お電話があり「妻と昨日ゆっくり話し合って、その子をわが子として受け入れたい」とお返事いただきました。

涙が止まりませんでした。

主よ、ありがとうございました。

この障がいの赤ちゃんに家庭ができました。

あなたの愛の働き以外の何物でもありません。

この赤ちゃんは、すくすく成長して、温かな牧師家庭で幸せに暮らしています。

このような経験から、私は相談を受けて確かな養親候補がいない場合でも必ず繋がると確信し、対応しています。

特別養子縁組その二

次は、車を運転していたら、携帯電話が鳴りました。

お母さんからの相談でした。赤ちゃんを生んだらダウン症で悩んでいるということです。

特にお父さんは、ダウン症と分かってから一度も病室に面会に来ないとのことです。

自分も夜眠ることができず、うつ病を発症していると言われました。

私が気になったのは、この家庭に、もう一人健常な子どもがいます。特にうつを発症したお母さんの子育てがどうかが気になったのです。

この社会は、一番弱く一番小さな存在に皺寄せがいくようになっています。子どもはその対象になりやすいのです。

その赤ちゃんの入院先、関東地方のある大きな大学病院に連絡をしました。すると、このダウン症の赤ちゃんは障がいはあるものの、他の病気はなく健康で早く退院をさせたいと言うことでした。

この病院のソーシャルワーカーに様々なことを聞きました。

病院側は、やはりこの家庭での養育は不可能に近いとの見解でした。

それは、お母さんの心の病気も大きく、お父さんが出産以来一度も病室に来ておらず、もちろん抱っこもしていない、拒絶は相当だと伺いました。

私は今回の場合も、実際に会って話してみないと分からない部分が大きいので、訪問することにしました。

指定の駅で待ち合わせをして、お父さんの車でご自宅まで行きました。

玄関に入ってまずびっくりしたのは、靴が散乱し、部屋はお世辞にも綺麗と言えません。

家の中では、上の兄弟とご夫婦が三人で映る写真がたくさん飾られていて、この家庭にダウン症の子は入れないのかと思うと、悲しくて悲しくてしょうがありませんでした。

お父さんとの話し合いで、この家庭に戻るのは病院の見解通り無理であると確信しました。

お父さん自身、申し訳ないことだが、障がいを受け入れられないとのことでした。

私は、特別養子縁組前提で新しい家庭に繋ぐことを心に決めました。

お分かりのように、障がいの赤ちゃんをもらってくれる家庭はありません。

しかも、病院側は早く退院させてほしいということでした。

病院の制度上仕方のないことかもしれませんが、もう少し協力してもらいたいと何度も思いました。

この赤ちゃんも不思議でした。

ちょうどこの相談の前後だったと思います。私の教会で特別養子縁組の映画会をしました。

その上映の後で、私が障がいの赤ちゃんの現状を話しました。

いつものように、熱くなってしまい、涙を流しながら、このような赤ちゃんに家庭を提供してほしいことを心から語りました。

すると、その中の一家族が申し出てくださったのです。

忘れられませんが、病院の先生と担当看護師、ソーシャルワーカーと私とで話合いの時間を持ちました。病院側は障がいの赤ちゃんをもらってくれる家庭は存在しないだろうと思っていました。

その話し合いで、開口一番この子を受け入れる家庭はありますから、退院の手続きを速やかに行ってくださいと、お願いしました。

その瞬間から、病院関係者の態度ががらりと変わりました。

疑いの目から信頼の目に変わっていました。

病院関係者は、今まで障がいの赤ちゃんが新しい家庭に特別養子前提で委託される前例がなく、そのような話は嘘ではないかという顔をしていました。

我が家に来てくれた二人の子どもの病院でも、最初は全く信頼してもらえず、色々な情報をもらうのに苦労しました。

このように病院の全面的な信頼を得て、このダウン症の女の赤ちゃんの特別養子縁組に向けて、動きだしました。

ダウン症を始め、障がいや病気の赤ちゃんを特別養子縁組で委託する場合は、大きなリスクが伴います。

それは、どの赤ちゃんも医療的な配慮が必要で、ダウン症の場合は、健康そうに見えても体調を崩しやすいので、二歳まではシナジスと言う特別な注射を毎月打たねばなりませんが、最寄りの小児科で対応できません。

なので、委託先家庭の近くの病院と事前に連携を取ったりして、赤ちゃんと家族が困らないよう手配が必要です。

病気が重い場合は、なおさらその配慮が必要です。

病気の状態により、養親の近くの病院で受け入れできず、他府県になる場合も少なくありません。

この赤ちゃんの場合、養親の近くで全て対応できそうで感謝でした。

入院している病院から医療情報提供や医師の診断書等、必要書類を揃えるのも時間を必要とします。

それらを準備している間に、実親と自宅養育の可能性を探ります。

何度も実親と面談し、慎重に判断します。赤ちゃんに障がいがある場合は、ほとんど思い止まることはないのです。

これも障がいを持つ赤ちゃんの特別養子縁組を進めるうえでの特徴です。

大事なもう一つの側面は、受け入れる養親候補の研修です。

厚生労働省での研修内容に加え、障がいの赤ちゃん、ダウン症の赤ちゃんの研修を行います。

遠くの研修の場合は、近くの児童相談所の特別養子縁組の研修を受けていただきます。

児童相談所では無料で受けることができます。

全ての準備が整った時、病院から養親へ委託の準備を進めます。

新幹線を予約して、その到着時間に養親に駅まで迎えに来てもらうようにします。

赤ちゃんの症状が重たい場合は、救急車を手配します。

幸い、この子は両親のお迎えだけで大丈夫そうなので、そのようにしました。

不思議なことですが、障がいの赤ちゃんが幸せを手にしようとする時、私の体調が不調になります。

それまでの緊張が解けて、少し安心するからかもしれませんが、何かまるでこの赤ちゃんが幸せになるのを阻止する力をいつも感じています。

この赤ちゃんを迎えに行く時には、激しい腹痛と高熱に襲われ、迎えに行く時の新幹線中での記憶がありません。

当日、退院時間が早いので、近くのホテルで泊まり次の日に備えますが、昼食も夕食も食べられず、ひたすら痛み止めを飲んで次の日に支障がないようにしました。

当日は、幸い腹痛はおさまり熱も下がりましたが、体力を失ってふらふらです。

その時に、大きな奇跡を見ました。

病室に入ることを頑なに拒否をしていた父親が、病室に入り、最後の時まで赤ちゃんを抱いていたのです。

少しは思いが変わるかと思いましたが、特別養子の意思は固く、私たちがその後に赤ちゃんを引き受けました。

いろんな形はありますが、実の親にもこの子は愛されていたのだと、少し心が休まる瞬間でした。

新幹線の中では、不思議にぐっすりと眠っていて、名古屋付近で予定のミルクを飲ませます。

一度、おむつを替えて京都まで、この子と共に過ごしました。

駅で、待っていた養親に引継ぎました。

本当に、ほっとして力が抜けました。

特別養子縁組その三

私はこの子で働きを最後と決めていました。

私は、毎回障がいの赤ちゃんを委託する時に、大きく体調を崩します。この時点では支援もほとんどなく、自費で出張するのがほとんどでした。

今日も、私に掛けられた保険を解約して旅費を捻出しました。

支援や支えも何もない中、相談件数だけが増える苦しい状況でした。

現在この子は、特別養子縁組が成立して、新しい家庭で本当に幸せになっています。

このような報告が、心を癒し天国での慰めの約束を確かにしてくれます。

相談の電話は、ひっきりなしに入ります。

ほとんど同時に二人のダウン症の赤ちゃんの相談です。

その一人は男の子、もう一人は女の子です。

二人共、幸いダウン症以外は健康でした。医療的な処置がほとんどいらないので退院が迫っていました。

男の赤ちゃんの相談は、お母さんが消え入るような声で電話をいただきました。その声の小ささに詳細が聞き取れないので、私がご主人と話をさせてくださいとお願いして電話を切りました。

後で分かったのですが、ご主人は、子どもがダウン症と聞いて、そのことに耐えかねて、家出をしていたのです。

幸い後でご主人が家に戻られたので、事なきを得ました。このご家庭は複数の幼い兄弟もいて、その子どもたちの養育も助けを必要としていました。このようなケースは直ぐに訪問するか、最寄りの児童相談員に訪問してもらう必要がありました。

私たちも、管轄の児童相談所に相談と訪問のお願いをしていました。しかし訪問も連絡もないようでした。

このような件は、緊急案件の在り方を考え直すきっかけになりました。

幸い短期間でご主人が家に戻り、他の兄弟もご両親に預けることができました。

今度はお母さんが心の病で起き上がれない状態になりました。

その後、ご主人と話を進めることになりました。

今回は、お母さんが最後まで赤ちゃんの顔を見ませんでした。

実に悲しいケースです。

何度もご自宅を訪問して、赤ちゃんの将来の最善を一緒に話会いました。

前にも書きましたが、ご両親共に思いは変わることなく、ダウン症の子どもが家に帰ってきたら、一家崩壊、一家心中だと二人共言いました。

お気持ちをお伺いして、特別養子縁組で子どもを救う以外、この一家を救う方法はないのです。

訪問の度に、「特別養子縁組は成立しますか?」「子どもが何かの手違いで帰ってくることはありませんか?」と何度も同じことを聞かれました。

この時点でこの子を受け入れる確かな養親候補はないのです。

いつも困ったときは、心の拠り所として相談している四国の青葉さんに一応報告し、祈りました。

すると、可能性のある家族をご紹介くださいました。

この家族は、児相ですでに養親研修を修了した方でした。この話を進めてもらい、赤ちゃんを見て受け入れることを即決してくださいました。

青葉さんのおかげでこの子は、お父さんお母さんの家に帰ることができました。

新型コロナウイルスが流行しだし、緊急事態宣言が出されていた日でした。

大学病院から駅までお父さんの車で送ってもらい、誰もいない新幹線ホームで、最後の質問をしました。

「もしかしたら、これが最後になるかもしれません。本当に良いですか？」

お父さんの答えは変わりません。

「はい。お願いします。」

そこにお母さんの姿はありません。

悲しい別れでした。

東京駅から新幹線で四時間の道のりをこの子と共に過ごしました。

新幹線の車内でも、わがまま一つすることなく、ずっと目を閉じていました。

ミルクの時間には、所定のミルクを飲みほして元気な様子です、
岡山駅に着く寸前におしっこが漏れていることに気づきました。

焦りましたが、とにかくオムツを変えて、新幹線を飛び降りました。

岡山駅まで養親候補が迎えに来てくださり、赤ちゃんを委託しました。

委託後の連絡も、ミルクをいっぱい飲んですくすく育っていることを聞き、安心しました。数か月後、ご家庭を訪問しました。すくすく成長して、順調に養育がなされていました。このご家庭は、初めてのお子さんで、しかも、ダウン症という障がいの赤ちゃんを受け入れました。本当の家族のように、いいえ、本当の家族になっていました。

血筋によらずに、不思議な出会いで家族となることが、こんなに自然でこんなに幸いかと思わされました。

今でも時々、訪問してご家族の幸せそうな姿を見るたびに、心休まります。

特別養子縁組その四

この子の委託と並行して、ダウン症の女の子の相談は進行していました。私の心は、常に二、三人の障がいの赤ちゃんの命がのしかかっていて、どのようにすれば良いか、常に考える日々を送っていました。

健常児は直ぐに見つかります。障がい児は、探せど探せど断わられます。その中での養親候補との出会いは奇跡的です。

先ほどのお宅に訪問後ホテルに帰り、ダウン症の女の子の赤ちゃんのお母さんと電話で相談をします。

また、ある時は相談のお父さんと自宅で面談し、その夜は次のダウン症の赤ちゃんのご両親と、ホテルのロビーで面談しました。

長い時間をかけて、いろんな気持ちを聞き取り、何とかしてこの子の帰る場所を確保します。

その中で、いつも口をついて出てくるのは、児童相談所は信頼できないの言葉です。

面談の度に、児童相談所は信頼できないと言われていました。

私もこの案件を扱っている担当者とお会いした時、決して悪い方ではないのですが、形通りの対応で、民間団体とは連携しないので、特別養子縁組の件ならば、自由にやってくださいという感じです。

そのようなよそよそしさが、児相を信頼できない理由なのかもしれません。

前の赤ちゃんからほとんど間がなく、こちらの準備は整っていない中での対応です。

だからといって、いい加減な対応はできません。今回もこれが最後と言う思いで対応しました。

児相と連携できれば、養親候補が現れるまで預かってもらい、その後、新しい家庭へ繋ぐことができます。しかし、一旦児相が介入すると措置を解除してもらえる保証はありません。

最悪、この子は生涯施設の中で過ごすことになります。

この子の場合もダウン症があります。健康面で問題がないので、病院より退院を最速されていました。

この子の行き場所は、最後まで悩みました。私が最も尊敬するご家庭が受け入れてくださいました。

この家庭には、四人の健常な養子をすでに養育されていて、今度は障がいの赤ちゃんを受け入れてくれました。

退院後、新横浜駅まで親子三人の最後のドライブをしてもらいました。

この時に、ご両親が少しでも心変わりしないかと儚い希望を込めていました。

新幹線のドアが開くまで、お母さんが抱っこしていました。

私は最後に聞きました。

「これが最後になるかもしれません。本当にいいのですか?」

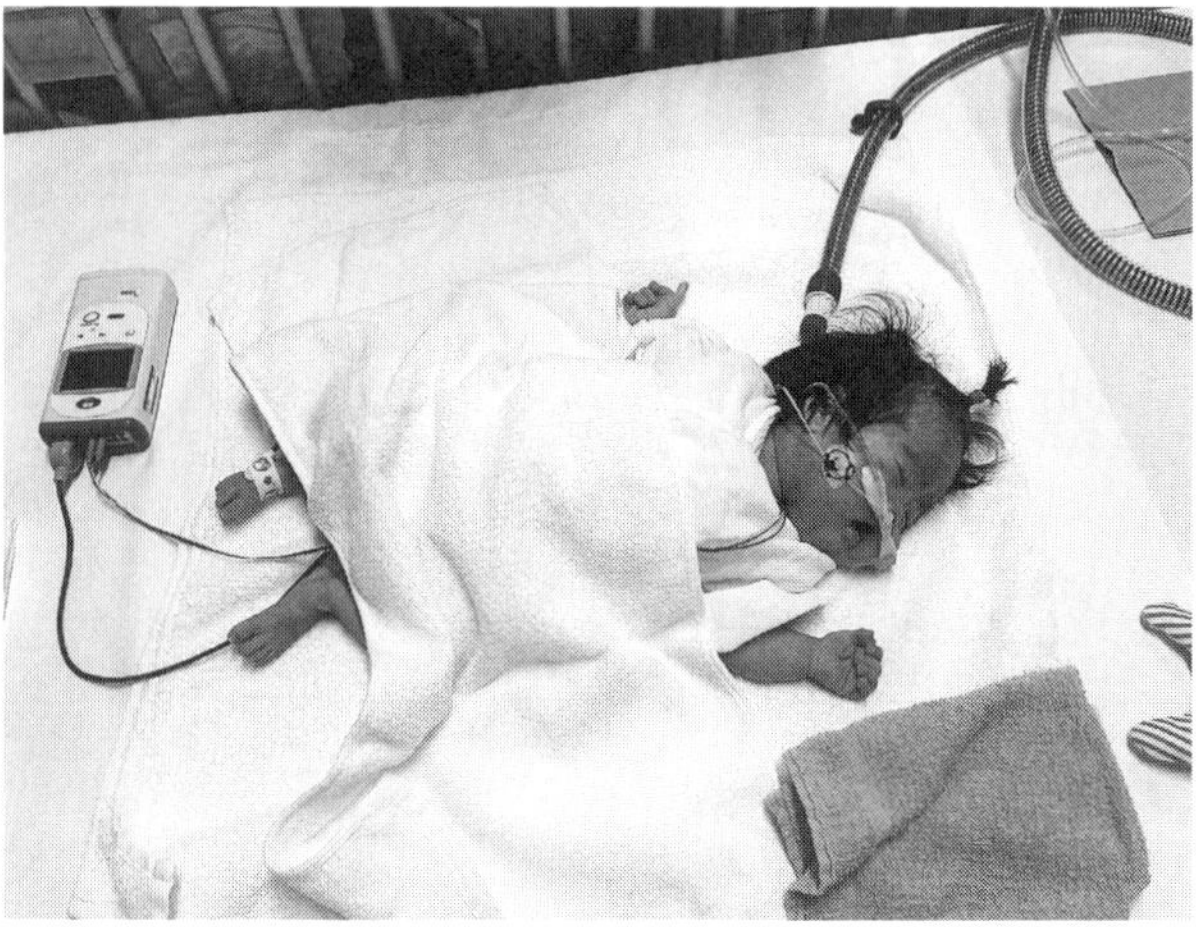

ちとせちゃん

お二人とも決心は変わらずこの子を抱いて、新幹線に乗りました。

出発のドアが閉まるまで、私はご夫婦の心変わりを期待していましたが、無情にもドアは閉まり、動き出しました。

岡山駅まで、養親候補の夫婦が迎えにきてくださいました。

私の最も尊敬する、青葉夫妻です。

二人の笑顔と信仰にどれだけ癒されてきたか分かりません。

この夫婦なら大丈夫です。

年齢はご主人が七十歳を越えておられ、奥さんも六十代です。

日本では、法律で年齢規定があるわけで

はありませんが、子どもが二十歳になる時の親の年齢を逆算して、特別養子縁組の候補選定をします。

この夫妻の熱い思いと経験にかけてみようと思いました。

だが、委託後に、裁判所が特別養子縁組の判決を出さない可能性が高いことが分かってきました。

理由は、やはり年齢的なことが大きく、前例がないことから縁組成立は難しいとの意見が大半を占めていました。

もし、特別養子縁組の裁判で否決されてしまうと、それを覆すだけの理由を添えて控訴しなくてはなりません。

そのような不安のある中ですが、受入れてくださったご家庭は、実に平安にしておられ、必ず最善の結果がなされると信じていました。

私の努力などは全く関係ないと思いますが、裁判所が成立を出してくれました。

私は、年齢やその他の状況よりも、この障がいのハンディを持った赤ちゃんが、この家庭に入ることを子どもの利益と裁判所が考えてくれたことに、非常に感動しました。

最近この家庭を訪問しましたが、本当に幸せに成長していました。

障がいと病気

ある妊婦からの相談が入りました。

この方は、大変若いご妊婦です。

お腹の赤ちゃんは第一子です。

夫婦で誕生を楽しみにしていたのに、病院のエコー検査で障がいと心臓の病気が分かりました。

中絶期間が過ぎていたため、妊娠継続をしなければならず、お父さんは全く障がいを受け入れられず、お母さんも養育が難しいと言うのでした。

しかも、ちょうど夫婦仲が悪く、ご主人は夜の仕事を理由に家に帰らなくなりました。

奥さんは浮気を疑い、妊娠中と言うこともあり、精神状態は最悪な状態でした。

夜中に奥さんは包丁を出して振り回したり、茶碗やお皿を床に叩きつけ割ってしまったり、本当に不安定な状態です。

このような場合は、産婦人科の受診と共に、精神科の受診にも同行します。

毎回、産婦人科前で待ち合わせをしますが、本当に時間通りに来るか不安で仕方ありませんでした。

お母さんと子どもの命と二人の命がかかっているので、いつも来てくれることを祈り待ち合わせ場所に向かいました。

精神科の医者はお薬を出すものの、その後の管理や服用まで責任を持ってくれません。

私たちが励ましながら、薬の服用と管理をしました。

出産まで何とか母子が守られるように何度も訪問と受診に同行しました。

このお母さんは、実のご両親との関係も最悪で、傍から見ていて、ご主人にも裏切られて、本当に孤独で人を信じるのが困難に見えました。

常に口数も少なく、本心を見抜くのが困難な状況で、何とか私達だけは隣人でありたいと思いました。

あなたの味方がいることを感じて欲しいと思いました。

エコー検査の結果、ダウン症だけでなく心臓に重たい病気を抱えていることが分かりました。

障がいだけでも養親候補はほとんどいない上に、重症の心臓病を抱えている赤ちゃんの特別養子縁組は不可能です。

このような赤ちゃんこそ、家庭での、お父さんお母さんの存在を誰よりも必要としています。

障がいで生まれ、大きな疾患を抱えているのに、励ましてくれる人は誰一人存在せず、病室でも一人ぼっちで、治る病気も治らなくなります。

まさに、神も仏もあるものかと思いませんか。

私の悩みが最高潮に達していました。

「松原先生、一人では何もできないし、全て救うことはできないから、無理しないでください。」と慰めの言葉をかけていただくことも多々ありました。なぜもうひと頑張りできないか、何か道はないのかとその先をいつも見つめ、考えていました。

　私は、この働きを始めるにあたり、一番障がいが重く貰い手のない赤ちゃんは自分が貰おうと思っていました。

　このお母さんが「養親候補いるのですか？　こんなに障がいが重たく病気も重いのに、もらってくれる家族はいるのですか？」と何度聞かれても、私は「大丈夫、います」と応えていました。

　なぜなら、自分がこの子を貰おうと思っていたからです。

「あなたの生んだ赤ちゃんを受け入れる家庭は存在します」この言葉が、心押しつぶされそうになっている障がいを持つ赤ちゃんのお母さんが救われる、唯一の言葉なのです。

　この時、私は三人の赤ちゃんの相談を同時に受けていました。

　一人は、このダウン症で心臓に重たい疾患のある女の赤ちゃん。

　もう一人の赤ちゃんは、口蓋裂と言い、口の周辺が裂けた状態で生まれ、お母さんが衝動的に赤ちゃんポストに入れてしまいました。

そのお母さんが名乗り出て、施設でなく家庭で育って欲しいから、協力してくださいというのでした。

私は、この家族の面談に東京に行きました。

実に普通のご夫妻です。

子どもの障がいを見た時に、衝動的に電車に乗って赤ちゃんポストに行ってしまったと私に言いました。

「命を守ってくださりありがとうございました。」

虐待で殺される赤ちゃんの年齢は、ゼロ歳が一番多いのです。

すなわち、産んだその日に殺してしまうケースです。

もう一人は、脳梁がない障がいの赤ちゃん。

どの赤ちゃんも帰る家はありません。

私は、この時期から夜眠るのが難しくなっていました。

それは今でも続いています。

我が家で話し合いを持った時、一つの結論に至りました。

口蓋裂の赤ちゃんは、整形外科の進歩によって、ほとんど分からないくらいに手術で元に戻ります。

だから健常児とほとんど変わらず成長する子どもが多い。

この二人の赤ちゃんは養親候補が与えられるのではないか。

その通りに、赤ちゃんポストに入れられた赤ちゃんを受け入れたいという家族が現れました。口蓋裂の赤ちゃんは養親候補が直ぐに見つかりました。

口蓋裂の赤ちゃんは、養親候補を整えたにもかかわらず、児童相談所が措置解除をしてくれず、話はなくなってしまいました。

実に悲しいことです。

その時も、東京の児童相談所ですが、「民間と協力はしません。」と言うものでした。

この言葉を何度も聞いてきました。

ダウン症の女の赤ちゃんの出産が間近に迫ってきました。

私は、ちゃんとお母さんが病院へ行ってくれるか心配で心配でなりませんでした。

真夜中に陣痛が始まったとの連絡があり、急いで病院へ駆け付けました。

行って見ると、喜びの出産が、なんと誰一人来ておらず、もちろんご主人もいません。

ご主人は、最後まで病室に姿を見せませんでした。

出産までの周期的にくる陣痛にお母さんは一人で苦しんでいました。

見かねて私が背中をさすり、誰もいない中、次の日、無事出産しました。

赤ちゃんは当初の検査より心臓の状態が悪く、集中治療室から出られる気配はありません。

お母さんは産んだその日からお乳が止まる薬をもらいます。

この子はお母さんのお乳を飲むことはないのです。

この子の障がいは、ダウン症と心臓奇形と多指症で手足の指が人より多いのでした。

予定より早く、一回目の手術が行われることになりました。

私は、大学病院へ向かいました。

応急の手術です。

こんな小さな体で大丈夫だろうかと、本当に心配でした。

また、その合間に入院中のお母さんの病室を見舞います。

出産によって母性が生まれて、心の変化を期待したのです。

どうか、この子が父母の愛を受けることができますように、お母さんだけでもいいから、その愛がこの子に注がれることを願って見舞います。

幸い応急の手術は上手くいきました。この子の心臓は奇形で、体を維持するための心臓機能の回復には程遠い状況でしたので、すぐに二回目の手術が検討されていました。

それも、入院中の大学病院では手術できず、隣の県の大学病院に転院することになりました。

私も転院先の病院に駆けつけました。

体調が安定次第、二回目の心臓手術が行われることになりました。

産まれたばかりなので、手術できるのか微妙な状態が続きます。

体調の安定と共に手術が行われました。

八時間の大手術です。

その間、私も病院で待ちます。

二回目の手術も無事終わりました。

もちろん自発呼吸はできず、機械で酸素を送ります。

次に、大隔膜を動かすための手術を行うことになりました。

本当に心休まる時間はありません。

この手術も無事に終わりました。心臓奇形が大きいため、重体の状態でＮＩＣＵに入りっぱなしです。

この時、この子にできることはほとんどなくなっていました。

しばらく経ったある日、特別に面会の許可が出ました。

全くの他人ですが、私がＮＩＣＵの中に入れていただきました。

酸素を付けて、しんどそうに呼吸をしていました。

病院の医師が私に尋ねました。

「こんなに障がいがあり、病気も重たいのに、もらってくれる家庭はあるのですか？」

私は、答えました。

「残念ながらもらってくれる家庭はありません。私の家で受け入れることにしました。」

先生は驚いていましたが、その子に向かって「よかったね。お家に帰れるね。」と言われた後、私に次のように言われました。

「赤ちゃんを大切に思ってくださりありがとうございます。しかし、この子の病状はかなり悪く、生き延びることができるか微妙なところです。」

「別の病院でのセカンドオピニオンも選択肢です。」

私はそれを聞いて本当に悲しくなりました。

こんな状態で、励ましてくれるはずの親はいない。またたとえ病状が回復しても待っている家族はいない。

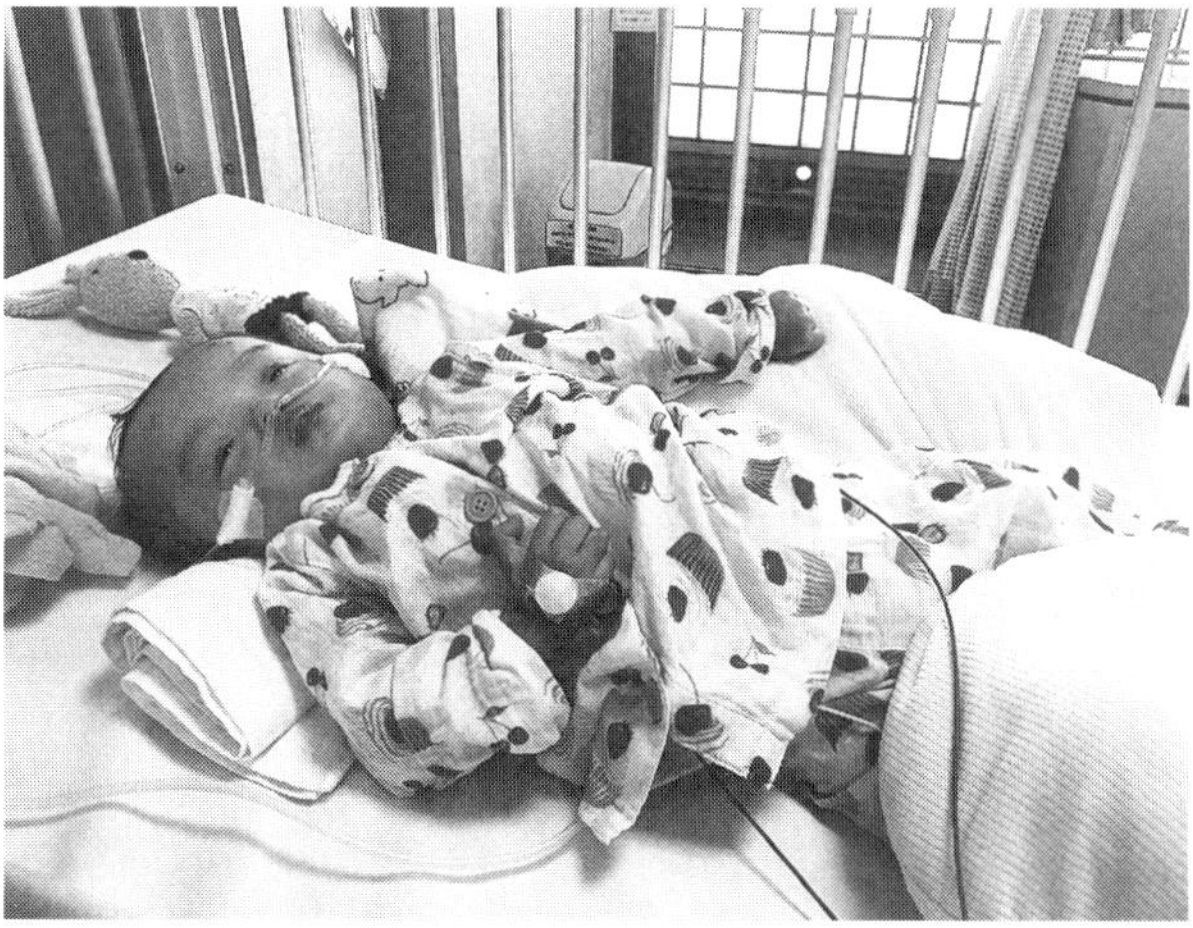

手術前のベットにて

生きるか死ぬかの瀬戸際にもかかわらず、そのそばには誰も身内がいない。

せめて、私がいよう。

私は若い医師に言いました。

「どうぞこの子の命を助けてください。この子は私の子として受け入れる予定です。お家に帰りたいと思います。力を貸してください。」と涙ながらにお願いしました。

医師が「わかりました。私にできることは全力でします。お家に帰れるように頑張ります。」と言われました。

私はこの子をしばらく抱っこして、

「お家へ帰ろうね」と呼び掛けて、病室

を後にしました。

この子の入院する病院も県外で、車で二時間はかかります。できるだけそばにいたいと思って通っていました。

入院中に、その病院のソーシャルワーカーと話をしました。この子が特別養子縁組前提であるので、今後の手続きのことを話し合うためです。面談室でいろんなことが話し合われました。

現段階は退院が難しいので、養親の近くの病院に転院の準備などが必要になります。

その時も聞かれました。

「この子をもらってくださる養親候補はどんな方ですか？」

私は、「この子は私がもらう予定です。」

「こんなに障がいと病気が重たいと養親候補は存在しません。」

驚いておられました。今後は「随時連絡を入れて、最善を尽くします」と約束くださいました。

この子の障がいや病気の重たさよりも、一人の赤ちゃんが家に帰れる喜びの方が心を満たしていました。

たとえ、家に帰れず病院で過ごすことになっても、毎日抱っこしに来ようと思っていました。

次のお母さんと面談するために、新幹線の移動中に携帯電話が鳴りました。

ダウン症で入院している赤ちゃんの病院からです。

「先ほど赤ちゃんは亡くなりました」

携帯電話を落としてしまいそうなほど衝撃が走りました。

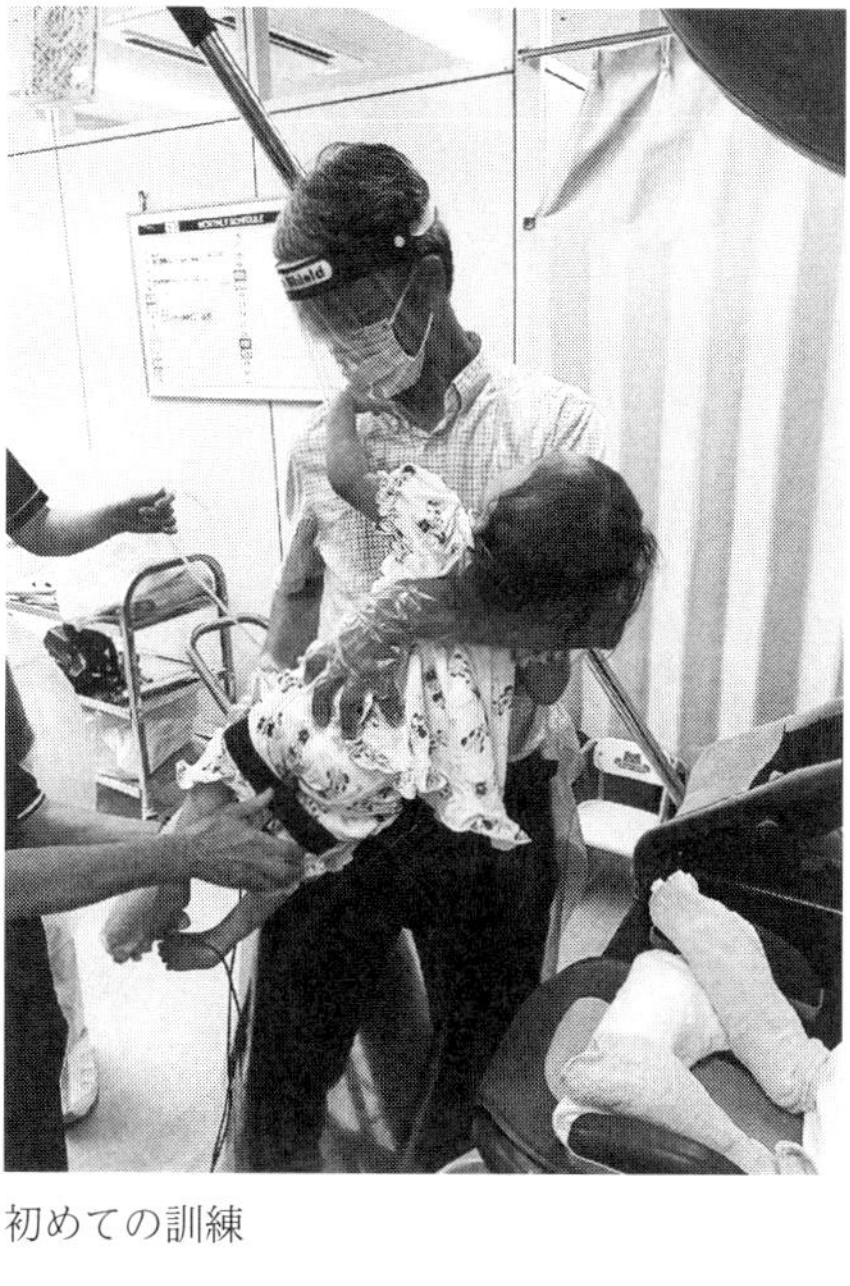

初めての訓練

短い命は燃え尽きて、我が家ではなく真の天のお父様の家に帰ってしまいました。涙がこぼれます。

病院では、心臓マッサージも頑張ってくれました。小さな心臓はもう二度と活動することはありませんでした。

その電話を受けた直後、難病ゆえに眼球が形成されない赤ちゃんをお腹に宿すお母さんからの相談です。

所定の喫茶店でお話を聞きました。

開口一番「この子に死んでほしい」

すぐ前に、大切な命を失った私にとって、掛ける言葉が見つかりません。

振り絞って「私たちが必ず養親候補を見つけますから、安心して出産してください」これを伝えるのが精一杯でした。

とにかく、だれも助けてくれない状態は、お母さんにとって最悪の状況を招きます。一緒に歩み、考えようと思いました。

その帰りは北陸地方のダウン症の子の相談に向かいます。

心が痛く、整理がつかないまま、その子の家庭訪問をしました。

私は思いました。

命は不思議だな。

望んでも来ないし、待っていても来てくれない。

もしかしたら、人間の力を越えた何かが導いている、また、親の側が選んでいるのではなく、子どもが親を選んでいるのではと思うようになりました。

「やまと」

我が家に来てくれた「やまと」はダウン症で障がいも天からいただいていました。

若いご夫妻は、出生前診断を受けずに妊娠を継続されました。

エコー検査によりダウン症で、心臓にも大きな疾患が分かりました。

「やまと」のご両親は、確定診断まで健常であることを心から信じて頑張っていました。

結果はダウン症と房室中核欠損の重度との判定でした。

「やまと」の実母は、本当に子どもを楽しみにしていて、母子手帳に几帳面にお腹の我が子への思いをびっしり綴っていましたが、ある日を境に真っ白になりました。

障がいと病気が分かった日です。

中絶する期間が過ぎていることもあり、ご両親共に大きな葛藤で何度も話合いを重ねられたのだと思います。

その後、私たちの団体に相談のメールが入りました。

初めて電話で内容等を詳しくお聞きしたら、実母の動揺は相当で、会話も続かない状態でした。

すでに決心は決まっているようで、生んでも育てられないこと、妊娠継続中で精神も不安定で、駅から線路に飛び込んでしまいそうな衝動を抑えられないと言われました。

私は、とにかく無事出産を迎えて欲しいので、話を聞くと共に「大丈夫です。養親候補は存在するので、安心して元気な赤ちゃんを産んでください」とお願いしました。

そういえば、妊娠中のお母さんには、いつも「養親候補は存在するので、安心して元気な赤ちゃんを産むことに集中してください」とお願いしています。

少し安心されたようで、しばらく連絡はありませんでした。

年が明け、一月の初めに「やまと」の実母よりメールが入り、一か月の早産で生まれました。

検査の結果通り、ダウン症と房室中核欠損、肺高血圧症を併発していて、集中治療室で心臓手術を待つ状態だと書かれていました。

「やまと」は、心臓の状態が極めて悪く、肺の状態も良くないので酸素を常に必要としていました。

私の家に、鼻の酸素のチューブをいれて苦しそうにしている、「やまと」の写真を送ってくれました。

入院は長期に渡ると分かりましたので、養親候補の準備も少し余裕となりました。その間も、ご自宅へ何度も訪問し、気持ちの確認や今後のことを、市役所の方も同席して話し合いを重ねました。

私は、市役所の担当者に「担当者から見られて、実親の家でこのまま養育の可能性はありませんか?」と聞きました。

担当者は「ありません。特に実母の思いは固く、家に帰れる可能性はありません」と言いました。

また、両方のご両親も特別養子縁組を希望していることが分かりました。

どちらかのご両親が養育を助けるならば、家庭養護の可能性もわずかに生まれますが、それも得られないようです。

この時点で、ダウン症の障がいと心臓と肺に大きな疾患を持つ「やまと」に「帰る家」は無くなってしまいました。

実父は、「実母の様子を見ていて、もし家に帰ってきて、自分が仕事中に何が起こるか分からないので、とても仕事は続けられない」「自宅養育は不可能です」とのことでした。

今までも、このような言葉を聞くたびに、赤ちゃんが帰る「家」を何とか作りたい、お父さんお母さんを作ってあげたいと強く強く思ってきました。

社会の中の一番弱くて小さな存在は、その障がいや病気を一生涯背負い、しかも生まれても帰る家すら存在しない。

最も愛を注いでくれるお父さんお母さんすら存在しない。

なんとむごい、あんまりな現状にいつも一人で立ち向かっていると、心が潰れてし

講演会

まいそうになります。

多くの人が、慰めの言葉をくださいます。「仕方ない」「松原先生が悪いのではない」「独りでは限界がある」「救えない命もある」

人々のお気持ちはありがたく思いますが、目の前で起こっている現状に、自分が背を向けることはどうしてもできません。

「やまと」は入院中で、退院時に新しい養親候補が迎えに行くようになればと思い、何とか養親候補を探す努力をしました。

候補者探しは難航しました。

他の赤ちゃんの相談も入る中、「やまと」の症状は重く受け入れ可能な家庭はありません。

そうこうしていると、「やまと」の入院している病院のソーシャルワーカーより連絡が入りました。

「やまと」の第一回目の心臓手術が迫っていると、その心臓手術の同意書にご両親がサインをしてくれないと告げられました。

私は、そんなことがあるのかという驚きと共に、深い悲しみに心が押し潰されそうになりました。

手術をすれば、この子は回復して元気に生きていける。

この子の命を終わりにして欲しいと実の親が望んでしまうほど、親の心を追い詰めてしまうのはなぜなのか。

ソーシャルワーカーより「この子はそんなに長く手術をしないでいると命に関わります。私からも説得しますが、松原さんからも説得をしてください」とお願いされました。

私は直ぐに実母に連絡をとり、心臓手術の同意書にサインをしてくださいとお願い

手術室

しました。

　すると、かなりためらっているようで、手術をすると、この子が元気で長生きしてしまうのでできないと言われました。

　私は、「やまと君は私がもらいますから、安心して心臓の手術の同意書にサインをしてください」と説得しました。

　実母は、その言葉に安心した様子で、第一回目の手術は無事に終わりました。

　病院より、手術無事終了の連絡をいただいた時は、本当にほっと安心しました。

　術後の傷も癒え始めて、少しずつミルクの量も増え始めました。

　その後、体重が増えてから二回目の手術

をする予定になりました。

二回目の手術は、心臓を止めての手術なので大掛かりなものになります。

このような場合は、体重が増えるまで一時退院するのが通例です。

普通は、健康保険や同意の問題もあり、大きな手術が終了してから新しい養親に委託になります。

また、養親は他府県になることがほとんどですので、重たい病気の場合は転院が難しこともほとんどです。

病院側と今後のことを相談することになりました。

ある時、病院を訪れると、担当者が開口一番「本当にこんなに障がいが重たい赤ちゃんをもらってくれる家庭はあるのですか?」

終始私を疑いの目で見ておられました。

裏では、何か魂胆があるのではないかと話しておられたようです。

いつもこのような対応を病院では受けます。

ある時は、嘘をあぶり出そうと尋問会のような場で答えさせられたこともありました。

私は「この子は我が家で受け入れます。」「安心して手続きをしてください」とお願いしました。

次に、実のご両親と私たち夫婦と病院の医師と市役所の担当者とが一堂に集まって、最後の確認と今後の方針を話し合う時がありました。

病院側も市も前例がないので、対応にかなり苦慮されていたようです。

実母よりいろいろな質問をいただきました。「あなたの実子は、障がいの子どもが兄弟になったら結婚に差し支えませんか？」

これは、家族会議でも出された質問でしたが、子どもたちは「障がいの兄弟を受け入れない人とはお付き合いしません。そのように我が家は考えています。」と答えました。

また、「松原さんご夫妻は高齢ですが、赤ちゃんをもらって大丈夫ですか？」

高齢であることは、どうしようもありませんので、これから筋トレいたします。

「私たちは普通の家庭なので、子どもをもらってくれても、お金は出せません」

もちろん、お金は必要ありません。

様々な思いを実親から伺いました。

最後に、短い間ですが「やまと」が集中治療室から酸素をつけて、みんながいる場所に出てきました。

ついさっきまで、自分の将来を話し合われ、決して「やまと」にとって良い場所ではないところに、目をつぶって出てきました。

最初、眠っているのかと思っていましたが、そうではないことが後で分かりました。

赤ちゃんは、言葉を発することはできませんが、全て理解しているようです。

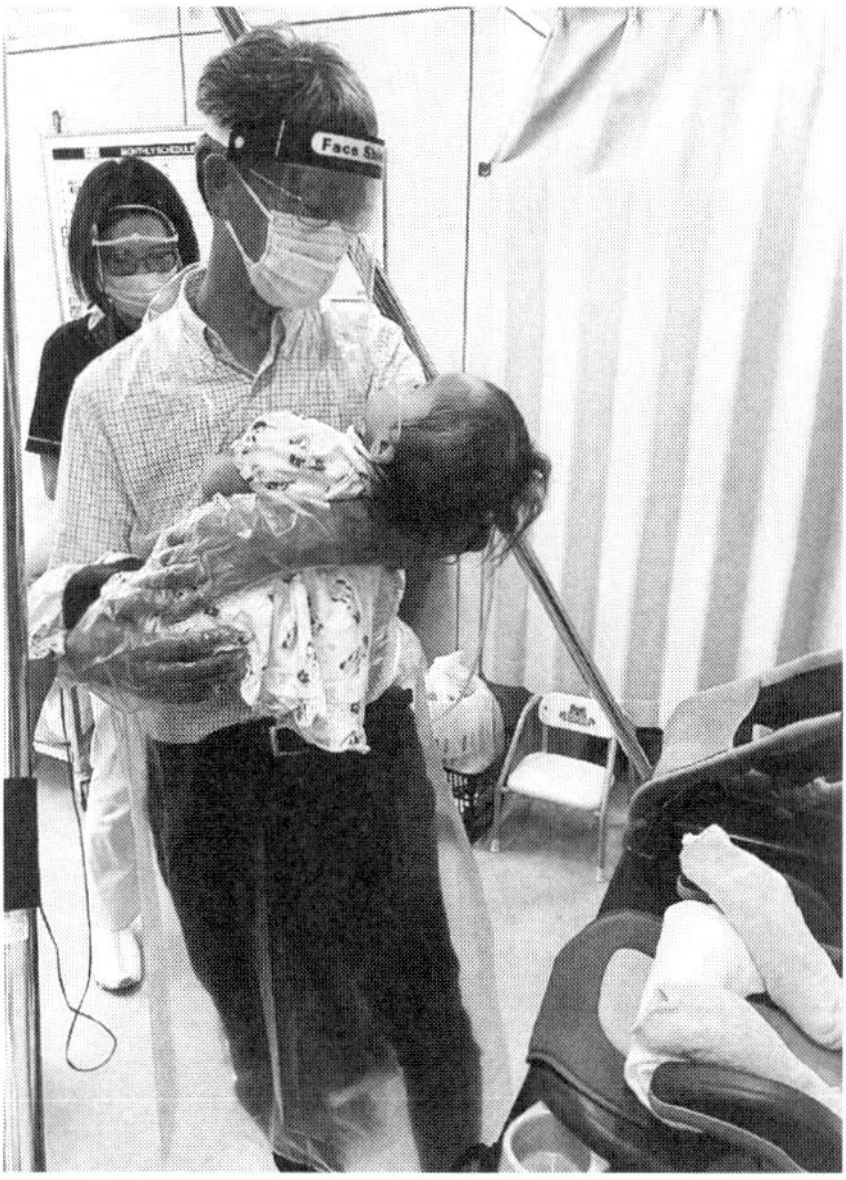
初めての抱っこ

医師に抱っこしても良いかと確認をとり、「やまと」を抱き上げました。

すると、なぜか分かりませんが、とめどなく涙がこぼれてくるのです。

抱いていますので、涙を拭うことができず、「やまと」にぽたぽたとこぼれ落ちてしまいました。

それを見ていた医師が「本当に良い方にもらっていただきましたね」と言われました。

ご両親もいっぱい泣いておられました。

その後、家内も「やまと」を抱き上げていました。

「やまと」は言葉では表現できませんが、自分の人生を私たちに静かに委ねてくれたのだと思います。

私たちのような、何のとりえもない障がいのことも何も分からない、良い父親ではないのに、「やまと」は私を選んでくれました。

この日を境に、病院から私が住む奈良に転院手続きを進めることになりました。

「やまと」の心臓手術をする病院は奈良に存在しないのです。

障がいや病気の赤ちゃんの特別養子縁組をする時の最大の問題点はここにあります。

転院は決まりましたが、どこへ転院するかは全く白紙です。

病院側も全力で転院先を探してくれましたが難航し、結果的に奈良の隣の大阪市医療センターが「やまと」の病院と主治医になってくれました。

四歳になる今でも通っています。

「やまと」の体調が安定するのを待って、転院する方法も、病院側と綿密に話合いをしました。

もしもの時の対応も考えてくれていたようです。

「やまと」の輸送機関は救急車。酸素ボンベを積んで、小児科の医師と看護師が転院先の病院まで付き添うことになりました。

病院側も初めてのことで、かなり緊張して準備を進めました。

七月十四日、「やまと」は、東京の病院から酸素ボンベ一つで、大阪医療センターに五時間かかって転院しました。

感謝に堪えません。

転院の翌日、真っ先に長男が見舞いに駆けつけました。

小さな「やまと」をしっかりと抱いて、子守りをしっかりしてくれました。

次の日、私は東京の集会で、講演でした。朝早く病院に駆けつけ、「やまと」にミルク五十ミリを飲ませて、その足で新大阪駅から新幹線に飛び乗りました。

それから、家族全員で「やまと」が淋しくないようにと、奈良から大阪は決して近くではありませんが、時間を惜しむように駆けつけてくれました。

次女は、国家試験を控えていましたが、「やまと」にできる限り長く付き添い、抱き上げてくれました。

看護士の長女も、「やまと」を抱っこして、ほおずりして愛の限りを尽くしてくれました。

家内の仕事場は大阪市内で、仕事に行く前か、仕事後に疲れても、必ず「やまと」を抱っこをして帰ってきました。

私は、一時退院の許可を、今か今かと待ちわびていました。

私もほぼ毎日病院へ行って「やまと」と触れ合います。
抱っこは、ダウン症特有な体で柔らかく、初めて経験する感覚です。
数種類の薬を飲み、鼻には常に酸素の管が通されて、顔は少し丸く、顔色は良くありません。

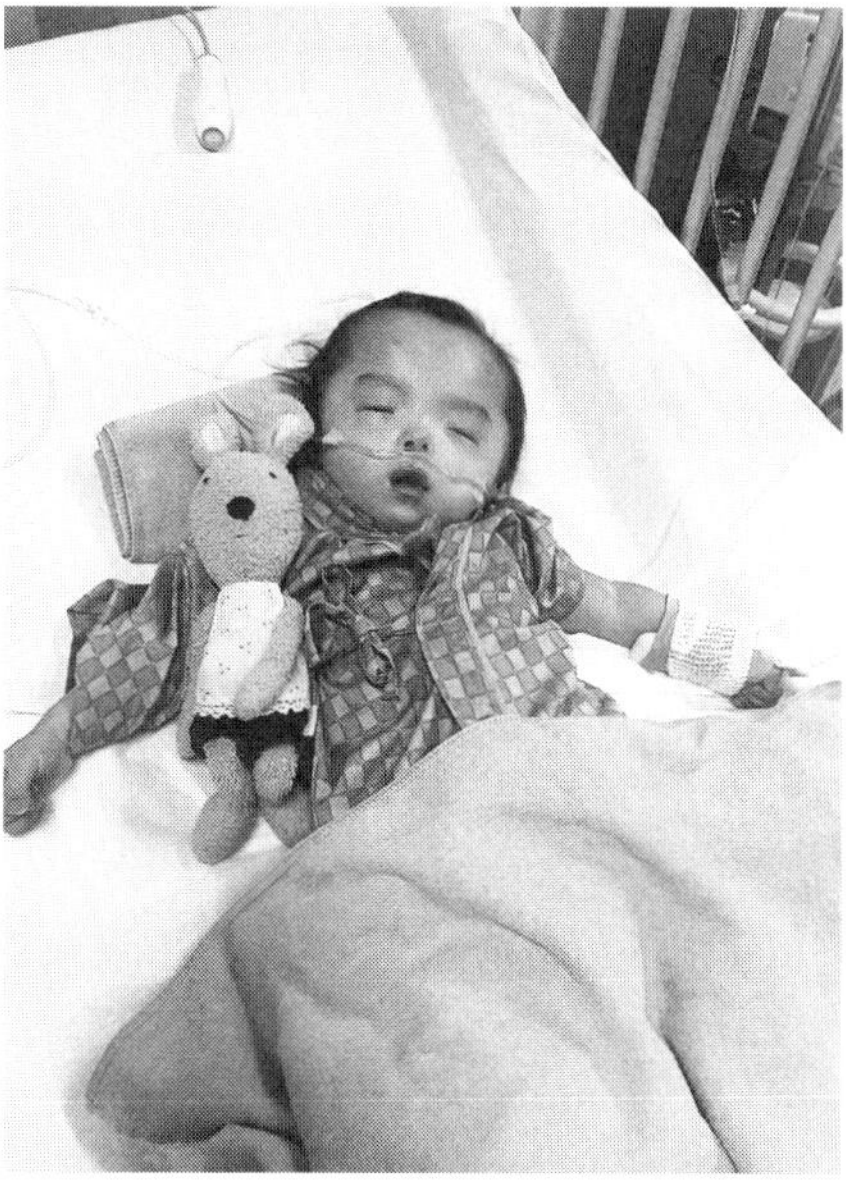

手術後

先生の話では、常にマラソンをしてる状態だそうです。

心臓カテーテル検査と言っても簡単なものでなく、もちろん全身麻酔で行い、心臓に細い管を通して、特殊な液を流し込み、心臓の状態を詳しく調べます。

現段階で、心臓の真ん中の部分が欠損しており、左心室奇形もあり、大半の血液が循環せず、チアノーゼが出ている状態でした。

以前の心臓奇形の赤ちゃんのことがあり、本当に嫌な予感がしました。

私と家内が主治医に呼ばれ、病状説明と今後の方針を長い時間をかけて説明されました。

最後に主治医より、「完治は目指しません。生存を目指します。」と衝撃的なことを言われました。

全力は尽くしますが、手術の途中に心臓がダメになるかもしれないこと。ペースメーカーを入れるかもしれないこと。再手術になるかもしれないことなども。

主治医から、「この手術は大阪でもこの病院しかできません。全力を尽くします」と言われ、同意書のサインを求められました。

私は、今まで本当にショックなことを度々聞かされてきましたが、この時の主治医の言葉を自分でないような感じで、淡々と聞いていました。

心は正直で、淡々と聞いたつもりでも、その衝撃は大きく自分の心を蝕んでいました。

今度は、私がこの子のために同意書にサインをすることになったのです。
イエス様に祈りながら、全てのことにサインをしました。
入院中も「やまと」は、体調を崩して手術の日程をなかなか決められませんでした。
この状態だと家族ができることは限られており、抱っこのみとなります。
苦しそうな「やまと」をみんなで抱っこして励ましました。
その姿がかわいそうで、見ているのも辛い日々でした。
やっと体調が安定したので、手術の日程が決まりました。
当日の説明によれば、朝の四時で全て飲み物が中止となり、絶食に入ります。
前日の二十三時が最後のミルクとなります
そして、麻酔をかけて手術室に入ります。
あまりにも目まぐるしく変化と衝撃の多い日々に自分の頭がとてもついて行かず、
当時の記憶があまりありません。
目の前の小さな命に対して、父として対応できることをするのが精一杯でした。

その合間に、多くの障がいの赤ちゃんの相談と、その子の親を作ることに全力で生きる日々でした。

もちろん、遠くへの出張が入りますので、病院から出掛け、病院に帰るような日々です。

本当に、毎日必死で目の前にある事柄と、小さな命を助けることに全力でした。自分のことは何もできませんでした。

また、教会のことも、この頃からはできない日々が多くなってきました。

手術の当日、本当に緊張して、前日は眠れず、朝早い電車に乗って家内と共に病院へと駆けつけました。病室に入ると「やまと」は、朝の四時に白湯を飲んだだけでした。

寝ているように見えました。実際は起きており、目を閉じて、この日も自分の全てを大きな神の手に委ねるかのように、じっとして動きません。

手術室に入る午後二時まで目を閉じてじっとしていました。

この子は言葉ではなく、もっと深い所で何かを感じ取って理解して、自分の人生を委ねるすべを知っているのだと思いました。

まるで、初めて抱っこした時のように、自分の運命を知っていて、全能の神様に委ねるが如くに泣き声一つあげませんでした。

麻酔をかける時間が迫ってくると、次々に子どもたちも集まってきました。

いよいよ手術室に向かいます。

私たち家族全員で見送るのです。看護師さんが気を利かせて、「ベットで移動しますか、それとも抱っこでいきますか？」と聞いてくださいました。

もちろん抱っこです。

ジャンケンで勝った次女に抱かれて、手術室の前まで行き、看護師さんに「やまと」の体を託しました。

その間も、泣き声一つ出しませんでした。

私は、手術室の奥に姿が消えるまで泣きながら見送りました。

それから、なんと八時間の大手術となりました。

終わったのが夜中の十時過ぎです。

医師より説明があり、手術は成功と言うことでした。

胸のつかえがおりた瞬間です。

手術室から出て、集中治療室に入る時に面会できるので、手術室の前で待ちました。

手術室より出てきた「やまと」は、目を閉じていて、涙の跡がいくつもついていたのです。

心臓を止めての大手術は終わりました。

お家へ帰る準備が一つ一つ、神様によって整えられていく、大きなみ手を感じました。

集中治療室でしばらく様子を見ますと、十四本の点滴が小さな体に刺さっていました。

特にしんどいと言われているメインの点滴が首元に刺さっていました。

良くなってお家へ帰ろうとなんども耳元で呼びかけました。

十日間ほど集中治療室で回復を待ち、やっと一般病棟に移る日が来ました。

体重も大幅に落ちて、顔がげっそり痩せてしまいました。

もちろん、口からミルクは飲めません。

最初は、口からわずか二十ｃｃのミルクの練習が始まりました。

胸元の傷跡が痛々しく、見ることもできませんでした。

命の輝きというか、神によって造られた命の強さがありました。

毎日毎日、回復へと向かう力強さを感じます。

命とは不思議なもので、誰の手を借りずとも、「良くなろう」「良くなろう」という方向に進むのです。

誰に何を言われずとも、良い方向に向かおうとするのです。

私たち家族はその姿に力をもらいます。

もちろん、医者や多くの方々に助けられますが、命そのものを、自分の人生を、自分の力で切り開こうとしているようです。

命の輝きに引き寄せられるように、お家へ帰る準備が始まりました。

次は、地元の訪問看護さんや地元の小児科医を選定して、退院の準備です。

主治医は大阪医療センターで受け持ってくださり、奈良では近くの医師と訪問看護センターが連携して、「やまと」の健康を支えてくださることになりました。

障がいを持ち、なおかつ重たい疾患を持った赤ちゃんを特別養子で他に繋ぐ場合は、こんなに大変なのだと思い知らされました。

私は、教会の中で愛を語りながら、人々の本当に重たい苦しさや悲しみを共感しているようで、全く理解していませんでした。

今まで、教会で何をしてきたのか？

パフォーマンスばかりで、自分の未熟さと至らなさを「やまと」の人生を通して教えていただきました。

自分も本物のクリスチャンになりたいと真に思いました。

それに、「やまと」が重症の子どもが入院する病棟に長くいたので、重症の子どもたちやその家族と接しました。

今までは、あなた方は障がいの子どもを持つ家族から、私たちも障がいを持つ子どもの家族、に変化しました。

イエス様が「世の終わりまであなた方と共にいます。」と言われていますが、イエス様はいつも「私たち」と言われる唯一のお方です。

自分は、今まで出会ってきた障がいの赤ちゃんやわが子「やまと」を通して、人生の行くべき道を変えられ始めていました。

自分の信仰の浅さ、また自分の人生経験の浅はかさ、なんと傲慢な人間なのかと思わされました。

「やまと」も順調に回復に向かっているある日、同じ病室に、同じダウン症の女の赤ちゃんが入院してきました。

見ていると、持ち物は質素でほとんど何もなく、おむつのみが近くに置かれていました。

「やまと」よりも病状は軽く、検査入院のようでした。

しかし、不思議なことです。この赤ちゃんの親と思われる方と、一度も会わず、全て看護師さんが世話をしていて、忙しいので、この子が泣いてもすぐに駆け付けることはできません。

私は、隣で「やまと」を抱きながら、この赤ちゃんの泣き声を聞いているしかありませんでした。

本当に激しく泣いているので、何度も抱き上げようかと思いました。

早く親が来てくれたら良いのにと思い、その子の名札を見ました。

時折泣き疲れて、天井をぼーっと見上げる姿が、なんとも可哀想で、「やまと」を抱きながら、何度も「ごめんね、ごめんね」と謝っていました。

まだまだ家のない障がいの赤ちゃんはたくさんいることを思い知らされました。

いよいよ、「やまと」は退院の日を迎えました。

長い間お世話になっていた医療センターとお別れです。

看護士さんは、皆口を揃えて「もう戻ってきたらだめだよ」と言っていました。

退院の時は、長女が服とズボン、帽子と靴を全て揃えて買ってくれました。

「やまと」は、その服を着て皆に歓迎され、我が家に帰ってきました。

教会牧師館の二階で、生まれて初めて病院以外の景色を見て、「やまと」は目をきょろきょろと動かして、自宅を楽しんでいました。

一緒にお風呂に入ります。

「やまと」は、お風呂が怖くて大声で泣きます。

家族全員「やまと」を歓迎して、お風呂上がり時の体への薬や寝間着の選定などは、長女と次女が行います。

「やまと」の着る服や履く靴は、私のものより高価です。

現在四歳になりますが、夜眠る時は必ず抱っこです。

甘えたい「やまと」は抱っこでないと寝ません。

我が家の生活習慣はまるで変ってしまいました。

「やまと」を中心に一日が回っています。

特別養子縁組の手続きのために、奈良の家庭裁判所に行きました。

担当官の方が、開口一番「息子さんの手術はうまくいきましたか?」と聞いてくれました。

こんな優しい言葉をこんな場所で聞くとは思わなかったので、本当に感動しました。

退院しても酸素は手放すことができず、外出や病院受診の時も、必ず酸素を携帯して外出です。

退院後一週間目で、胸の傷跡の検査に大阪で受診です。

幸い胸の傷跡は順調に回復して、その日に抜歯となりました。

元気そうに見えても直ぐに体調が変わるので「気を付けてください」と言われていました。

退院後しばらくして、うかつにも風邪を引かせてしまいました。

高熱が出始めたのが、土曜日の夕方でした。

直ぐに大阪の医療センターに電話すると「すぐに連れてきてください」と言われました。

その日は、人が少なく、私と長男で連れて行きました。

血液検査や一通りの検査が二時間ほどかけて終わりました。

幸い重たくならず、帰宅となりました。

退院後二か月ほどで、「やまと」は一歳の誕生日を迎えました。

長女手作りの小さなケーキに、一本のろうそくを立てました。「やまと」は何のことか分からないようでしたが、家族全員でハッピバースデーを歌ってお祝いしました。

障がいの赤ちゃんの成長を全く知らない私は、本当に手探りで連続の子育てでした。

「やまと」は、そろそろ離乳食の時期かと思い、少しずつ始めていました。「やまと」は上顎が大きく、下唇も分厚く、咀嚼が困難なようでした。口にするものをほとんど丸飲みの状態でしたので、時々喉に詰まらせていました。それを、作業療法士さんに説明すると、離乳食が早すぎると注意を受けました。「やまと」の成長は本当にゆっくりで、現在四歳になります。やっと自立歩行ができるようになりました。

知らないということは、決して良いことではないし、ここでも、自分はあまりにも小さな領域で生きて来たため、もっとしんどい思いをしている「やまと」を何一つ分かっていないのです。

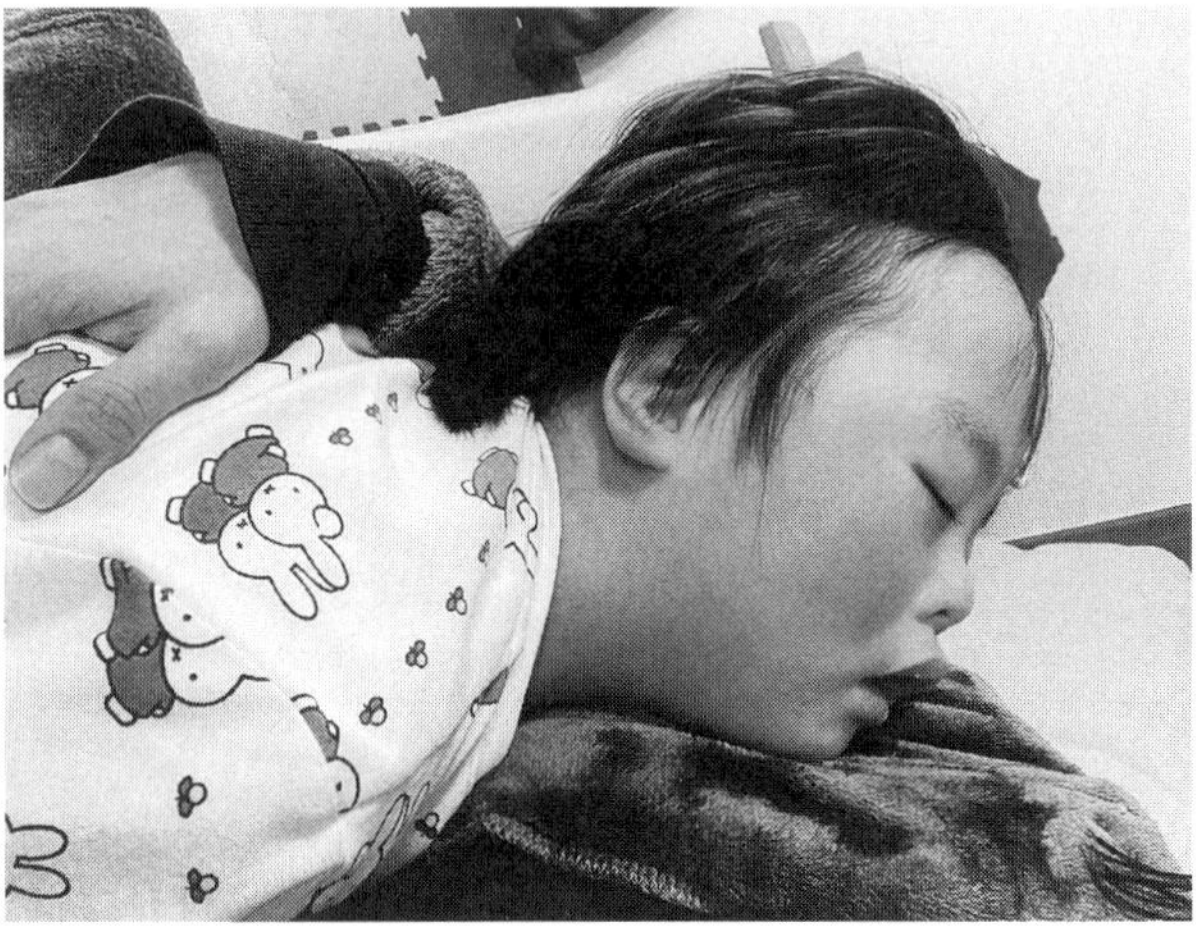

お昼寝

また、ミルクを飲み、夜に寝かせます。「やまと」は睡眠に障がいを持っていました。

二歳半頃には、毎夜目覚めているような状態でした。さすがに心配して、小児科を受信しました。

すると、小児精神、小児発達外来を受診することになりました。

診察の結果、「やまと」は普通の状態で気持ちの高ぶる状態が常に続き、夜になっても収まらず、深い眠りに入れないことが分かりました。

それまでの、漢方薬は全て止めて、新たに、メラトベルというお薬を、最小量から始めました。

メラトベルの量の増加と共に、別のお薬インチュニブが処方されました。

メラトベルとインチュニブの量を少しずつ増やしながら、夜間の覚醒と睡眠、また昼間の興奮状態を観察します。

次に、ベルソムラという入眠の薬が追加されました。

大人が飲んでもふらふらする量なのに、「やまと」には全く効果がないのです。

治療も一年半を越えようとしていました。

別の睡眠外来を探すべきか迷っていました。

隣で寝ている私も、毎晩毎晩のことで睡眠がとれずに、どこまで持つか分からない状態です。

昨年の暮れより、この三種類の薬にトリクロリールという薬が追加され、少し効果が表れ始めました。

現在四歳です。四種類の睡眠系と多動系の薬を組み合わせています。以前よりましになりましたが、それでも夜間覚醒が度々起こります。

児童発達支援センターの帰り

正直な話、凡人の私は隣で寝ていて、本当にしんどくて良き対応もできません。どんなに祈っても「やまと」の睡眠は改善されません。

祈りが聞かれないということは、まだまだ私の工夫が足りないのだと思い知らされます。

こんな経験をさせてもらい、「やまと」と一緒に歩むことを許されて、私が少しずつ変えられて、神様の栄光を現わす器に変えられることを心から願っています。

児童発達センターに春から通うために、発達検査を受けました。

するとA2判定（重度）で、一歳前後の

結果が出て、精神的な障がいも重度判定でした。

本当にゆっくりとした成長は可愛くて、今でも赤ちゃんとほぼ同じ対応をしています。

現在、発語もありませんが、うーあーとか、何とかしゃべろうとしていますし、手を引っ張って自分の主張を伝えてくれます。

ありがたいことです。

苦労すること、しんどいことと不幸は全く関係ありません。

「やまと」と共に苦労することは幸せです。


また、整形外科の受診も必要で、股関節や首の骨の検査も定期的に行います。

ダウン症の場合は、首の骨が抜けてしまうことがあるそうで、特に注意です。

「やまと」は、自力で排便ができません。

ほとんど毎日、決まった時間に浣腸をします。

尿が自分の意思と無関係に排出できないのです。

医師は、お腹のマッサージをして、浣腸をしてくれました。

主治医のアドバイスで、夜中から朝にかけて尿が出ていない時は、朝に浣腸をして出してくださいと言われました。

毎朝必ず、尿の確認をして、出ていないと浣腸になります。

昨日も浣腸をして、児童発達センターに行きました。

取材依頼

二〇二一年、ＮＨＫ系列の映像制作会社の方から、取材依頼があり、二〇二二年に放映されました。

「やまとの成長を撮影させてほしい」

もちろん喜んでお受けする返事をしました。

一年間の密着取材で、私は慣れない初めてのことなので、戸惑いの連続の一年間でした。

親は緊張の連続ですが、「やまと」は何も飾らず、いつもありのままの姿です。

ある時、「やまと」が風邪を引いてしんどそうにしている時に、撮影が入りました、もちろん「やまと」は、ありのままで、しんどい姿もそのままです。

自分は恥ずかしくて見ることができませんでしたが、その映像が放映されると、多

テレビ取材

くの人からお便りをいただき、「慰められました」という言葉を多くいただきました。

「やまと」のあるがままの姿が人の心に慰めをもたらすことを知りました。

私が、テレビの取材をお受けした一番の理由は、この「やまと」のあるがままの姿を見てもらって、障がいへの偏見が少しでもなくなればいいなと思いました。

また、障がいを持つ子どもを養子として受け入れてもらえる養親候補が増えてくれるといいなという思いでした。

私の一つの夢が、「やまと」と一緒にお子様ランチを食べることでした。

「やまと」は、障がいと病気が重くなっていたので、レストランに行くのは難しいと思っていましたが、二〇一九年八月十五日の大阪医療センターでの手術が上手くいったこともあり、その夢が叶いました。

「やまと」はハンバーグが大好きです。私は大喜びでおいしそうに食べている姿を見るのが好きです。

「やまと」を預かってくれる場所はないと思っていましたが、一件だけ受け入れてくれる託児所シャロームがありました。

おばあちゃんの園長先生を中心に、まるでおばあちゃんの家に帰るような小さな園です。

週に二日三日ほど預かってくれました。

血液をサラサラにする薬を飲んでいるので、頭内はクッションの帽子をかぶせて、朝十時に園に向かい、二時か三時に迎えに行くのです。

朝の会に「やまと」は参加して、大きな声で返事をするようになりました。

本当にやさしい先生方で、その愛の中で一年間生活できました。

迎えに行くと、私の顔を見るなり、前にあるの物全て蹴散らして、私のところにハイハイしてきます。

私の所に来て、「もう離れない」と言わんばかりに、抱きついてきます。

一番可愛い瞬間です。

この園にずっと行かせたいと思っていましたが、わずか一年で、園長先生が高齢で、閉園になりました。

「やまと」の保育最後の日、帰りに先生方と一緒に写真を撮りました。

車に乗せて帰ろうとすると、担当していた先生が「やまちゃん、やまちゃん」と追いかけてきて、手を握り涙を流して言いました。

「やまと」は愛されていたのです。

現在、毎週火曜日は専属の先生に来てもらい、みっちり一時間トレーニングです、「やまと」は、立つのも座るのも歩くのも訓練を必要とします。健常児の当たり前のことがなかなかできません。

当初座るには、お尻からどしんと着地します。

膝を曲げて座ることがなかなかできませんでした。

立つ時も、膝を曲げずにぴょんと立ちます。

大事な筋肉が使えないのです。

歩くのも、両足のかかとが内側に折れてしまいます。

補装具を使い調整します。

咀嚼も難しく、自分の口の中にどれくらい入るのかが分からないのです。

みっちりトレーニングを受けてから、そのあとは、児童発達センタークレヨンに向かいます
クレヨンでは、子ども一人に一人に先生がついて、その発達に応じて保育してくれます。

「やまと」は、クレヨンが大好きです。

お当番や給食係も頑張ります。

先日は、給食のカートを最後まで押してお手伝いしたそうです。

天気の良い日には公園に行きます。

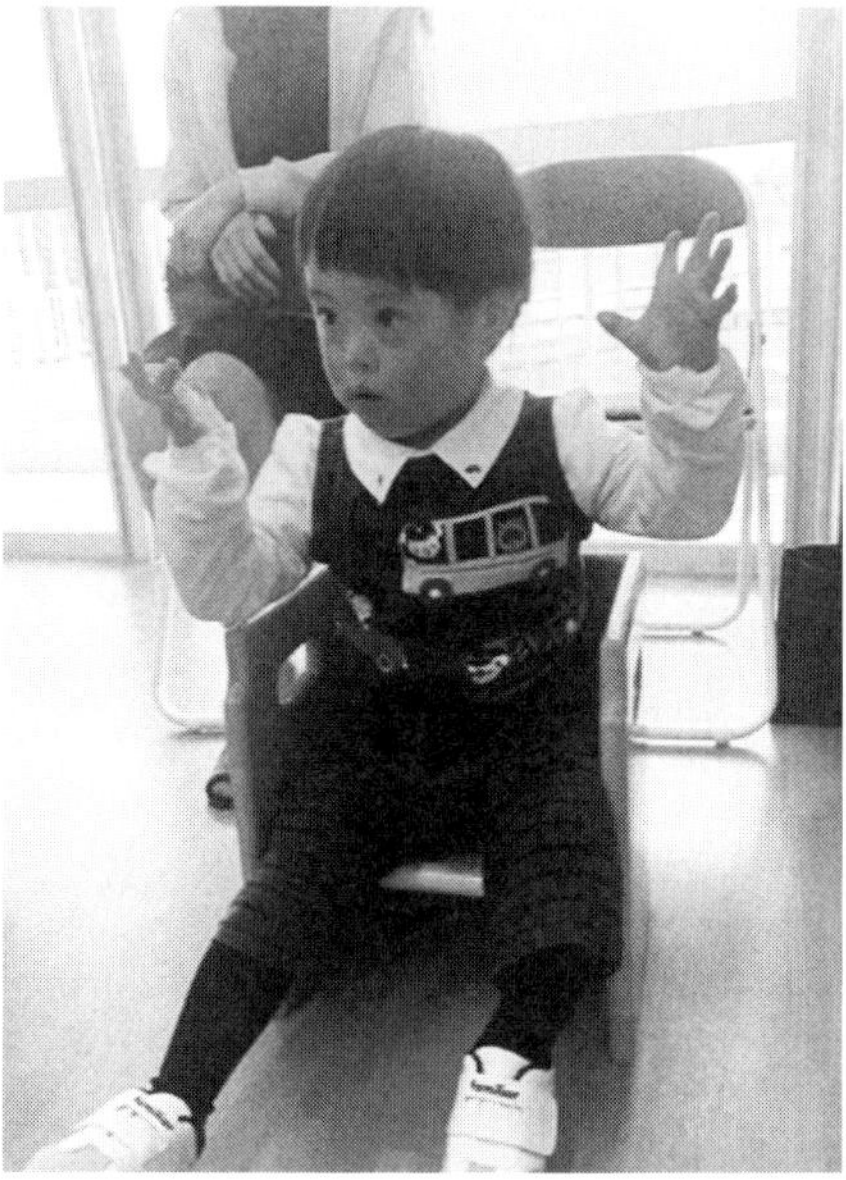

児童発達支援センター入学式

入園当初は、先生に抱っこをせがんでいたのですが、最近は往復歩けるようです。

水曜日は昼までで、その後は私と一緒にお眠りドライブです。

家に帰ると、自分の大好きなペンギンのぬいぐるみを持って、おやつタイムを待ちます。ラムネを少し、おしっこの出が悪いので、極力お茶をたくさん飲ませます。

夕方四時過ぎには浣腸をします。

便を柔らかくする薬を飲んでいますが、自力でなかなか出ません。

五時には、四種類の薬を飲みます。

家族の夕食より少し早目に夕食を取ります。

食べるのは、フライドポテトと焼きそばだけです。

それで、半年ほど「やまと」は焼きそばとポテトで生きていました。

クレヨンで友達と給食を食べるうちに、皆と頑張って、少しずつ食べられるようになりました。

昨日は、パンに幼児カレーをかけて食べました。

そのあと、お風呂に入り、私の膝の上で、小さなコップを使って遊びます。

見ていると、瞼が落ちそうになってきたので、慌てて体を洗いお風呂から出ます。

甘いものはなるべく少なくして、次に眠れる水薬をイチゴジュースに入れて飲ませます。

少し時間をあけて、三種類の薬を最後に飲んで、大嫌いな歯磨きです。

オルゴールで「大きなのっぽの古時計」を鳴らせて、眠りにつきます。

昨日は、次女に抱かれて布団へ向かいました。

私は毎日「やまと」の横で寝ています。

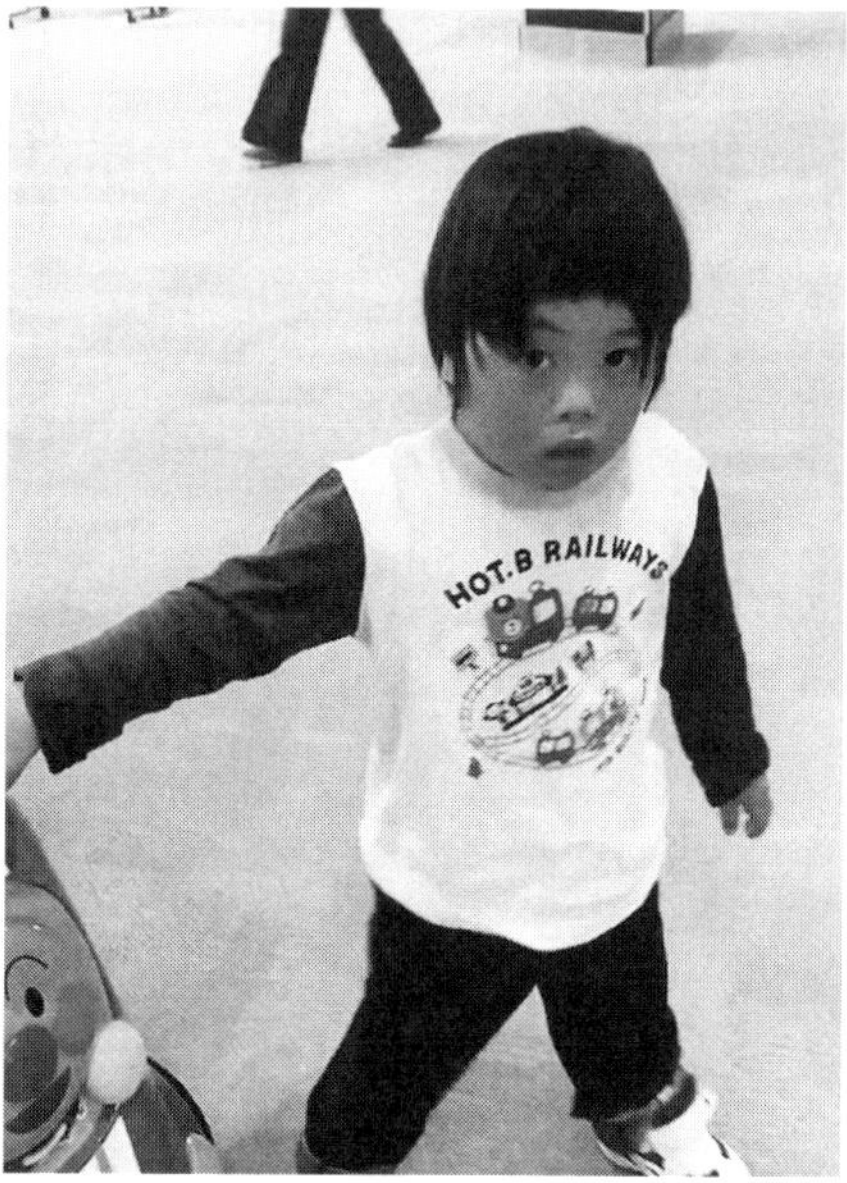

おかいもの

夜中の十二時を過ぎると、起きてしまいます。

抱っこして「いい子よ、いい子よ」と語りかけて、横になります。

そんなことが何度もあり、私の手に足を乗せて眠ります。

時々、「やまと」と買い物に行きます。

カートに乗せて、夕食の準備や、「やまと」の好きなラムネとヨーグルトを忘れずに買います。

土曜日や天気の良い日に、「やまと」と家の周りを散歩します。

歩行訓練も兼ねての散歩です。

昨日は、長男が歩行訓練に付き合ってくれました。

家の周りを一周して、いろんな寄り道をしながら、草むしりしたり、小さな石を握ったりして歩きます。

二周目に入ろうかと思っていると抱っこになるので、お家へ帰ります。

時間を共に過ごしていても、言葉によるコミュニケーションは取れませんが、なんとなく彼の思いや願いが分かるようになりました。

言葉にならない言葉の意味を理解するようになりました。

家族とは、血筋によるものでなく、一緒に生活をして時間を共にして作り上げていくものだと教えられています。

もし、「やまと」が我が家に来てくれなかったら、頭だけで何も人生が分からず傲慢なまま生きていたと思います。

彼のおかげで最後の日まで学びを続けられることを感謝しています。

様々な病気の子ども

里親の相談件数は増えるばかりで、様々な障がいや病気の子どもの相談と、苦しい実親の胸の内を聞かせていただきました。

トリーチャーコリンズ、ウイリアムズ症候群、ウエスト症候群等、今まで聞いたこともないような難病の子どもたちの相談も増えました。

望んだ妊娠なのに望まない妊娠に変わってしまいました。

全てに対応したいですが、小さい団体である、「小さな命の帰る家」では限られた件数しか対応できません。

二〇二二年になって、児童相談所や乳児院からの相談も入るようになってきました。

ある時、児童相談所から熱心な相談が入りました。

私たちの働きが、全国紙の新聞で紹介されて、それを読んでの連絡でした。

遠くより、車で六時間かけて担当者が来られました。

「乳児院で生活しているダウン症の赤ちゃんをなんとかしてほしい」と熱心にお願いされました。

私たちは、この子の実の親への家庭訪問を直ぐに始めました。

関東圏でしたが、何度も足を運びました。

分かったことは、この子が乳児院へ入ってから一度も親が子どもに会いに来ていないということでした。

現在、親と死別などで乳児院に入っている赤ちゃんはいません。

親はいるけれど子どもに会いに来ない親がほとんどです。

面会に一度も来ない親も珍しく、この子の気持ちを考えると心が締め付けられます。

職員の方が持って来てくれた、子どもの写真と成長記録を読みました。

その中で、ブランコに寄りかかって眠ってしまっている姿がなんとも言えず、なんとかしてあげたい。

お父さんお母さんのいる状態を、家を作ってあげたいと思いました。

この家庭訪問で、心に突き刺さる言葉を聞くことになりました。

普通、家族が困っている時に、そのご両親が支えになって子育てを助けるものです。その支えである両親から「人間でない者を生んだ」と言われたそうです。最後に残っていた希望が全て吹き飛んだ瞬間だそうです。

ダウン症を始め、障がい児は人間でない。そのように思う人がいるのだと知りました。

私の心の中に、差別意識が全くないとは思いません。この言葉は私の心に今も突き刺さる言葉です。

なんとかしてこの子を乳児院から出してあげたい、なんとかお父さんお母さんを作ってあげたいと思いました。

児童相談所の職員の話によると、三歳の誕生日を迎えると、制度上、児童養護施設に移らなければならないそうです。

乳児院と児童養護施設は、対応が全く違って、なんとか児童養護施設に移る前に親を見つけて欲しいのことでした。

児童相談所も一生懸命この子ために養親となってくれる方を探したのだと思いますが、難しかったようです。

行政の壁

幸い、養親候補が与えられましたので、この子を特別養子縁組前提で委託をする手続きに入りました。

ここでも壁として立ちはだかったのは、行政の壁です。

民間団体の候補者を児童相談所の候補者にしたことがないので、組織の上層部より反対意見が出ました。

担当者が頑張ってくれて、少し条件が緩和されました。

内容は、かなりハードで、乳児院に養親が一週間通うというものです。

それを二度ほど繰り返すのです。

他府県在住で遠い養親候補は、かなりの犠牲を払うことになります。

特にご主人は、そんなにたくさん休暇を取れません。

この話も流れるかと危惧しましたが、養親候補が全ての条件を飲むことを伝えてくれました。

なんと頼もしいことでしょう。

見事にその条件をクリアして、最終日は子どもを連れて車で、お家へ帰りました。

愛知県の乳児院の施設長から連絡がありました。

「ぜひ、松原さんに会ってもらいたい子どもがいるから、来てください。」と言うものでした。

この時、コロナの第二波が日本列島を覆っていて、どの施設も外部の面会を極端に控えている時期でした。

施設長に聞きました。

「コロナの中で、私が他府県よりそちらに行って、子どもに会ってよいのですか?」

すると、思わぬ答えをいただきました。

「ぜひ、来てもらいたい。松原さんに会ってもらいたい子どもがいます。その後で職員との面談研修をお願いしたい。」

最後に「この子に親を作ってもらいたい。」と情熱的に語られました。

当時は、相談件数が多く、中部地方の相談もあり、日程調整をして、乳児院訪問の前後に、その実親にお会いすることに決まりました。

乳児院にいた子どもは、知的な障がいのあるが実に人懐っこい子どもで、私の膝に乗り、駒回しを飽きることなく、何度も何度もしていました。

いっぱい抱っこして周りを見ると、私も私もと行列を作っていました。

皆を抱っこしたいけれど、次の予定があるので、泣く泣く二階へ通されました。

そこには、児童相談所の副所長と担当者、この子に関係のある保育士や看護師が集まり、ＮＨＫの記者もいて、そこで今までの働きの内容を話すことになりました。

質疑応答の後に、施設長より対象の子どもの里親を作りたい。

「松原さんに協力をお願いしたい」と言われました。

そこで私は、自分の信念を語りました。

「福祉サービスよりも、子どもに必要なのは、お父さんお母さんであり、それ以外はさほど問題はない。親に勝るものはない」と、語りました。

施設長より後で聞いたことですが、「児童相談所の職員は、障がいの赤ちゃんの養親候補を最初から探していない。探す気持ちもなかったようです。」と言われました。

だが、このような機会がもたれ、現実に全国で障がい児の特別養子縁組がなされていると聞き、重たい腰が少し上がったようで、喜びの電話を施設長よりいただきました。

現在この子は、特別養子縁組ではありませんが、里親宅に行くことが決まったそうで、本当に感謝されました。

一人の子どもが家庭に帰ることができれば何より嬉しいことです。

三女恵満

我が家の三女恵満は、東京の大学病院のＧＣＵの一番奥に物のように置かれていました。

もちろん看護士さんや医師たちは、恵満に誠心誠意接してくれていたと思います。

恵満のご両親から連絡を受けたのは、二〇二三年の四月でした。

ちょうど関東出張中の路上で携帯電話が鳴りました。

実母からです。「障がいの子どもを産んでしまった、育てることができない。施設ではなく家庭に行くことはできないか」と言うものでした。

路上でしたので、改めてアポイントを取りお話を伺いました。

深刻な様子で、赤ちゃんの状況を話してくれました。

「ｗｅｓｔ症候群と言う難病と染色体七番の部分トリソミーと染色体十八番の部分

モノソミー」と言われました。

トリソミーと言うのは、染色体の数が一本多く、モノソミーと言うのは、一本少ないことを指します。

この染色体は親から受け継ぐ遺伝情報の伝達を担う大変重要なものです。

一本の染色体には、数百から数千の遺伝情報が含まれていると言われています。

その遺伝情報の中には、私たちが成長するために必要な全てのものが含まれています。

ダウン症のやまとは、二十一トリソミーと言い、染色体二十一番目に一本余計に親からもらっているということになります。

多いのが良いのかというと、そうではなく、様々な障がいが出て来てしまいます。

人間の体は、実に素晴らしく、微妙なバランスで成り立っている、まさに神の作品なのです。

大切な遺伝情報が無いのですから、成長の過程でどのような障がいや病気が出てくるのか予想つかないことも多いようです。

恵満は、この二つの部分で障がいを持っていて、今後の成長に大変困難をきたすと予想されます。

実親は、そのような事実を知り、大変苦しんだと思われます。

出産当初は、面会に通われていたのですが、時間と共にお父さんだけになり、ある日を境に誰も訪れなくなりました。

いろんな事情もあることと思いますが、入院費も滞納状態で、恵満の着る服も間に合わない状態へとなって行きました。

「この子さえいなければ」

「障がいさえなければ」

「健康でさえあってくれたら」と。

ご両親の、また今まで相談を受けた方々の共通の心の叫びです。

それらをお聞きした帰りの新幹線やその日の夜は、言いようもない深い闇に落ちていきそうな感覚にとらわれて、同じ苦しみを味わっていました。

本当にいつも思いますが、なんとかならないのか、もっと社会で取り上げてもらえないものかと思います。

また、子どもの声が聞こえてきそうで、そんなことありえないと言われるかもしれませんが、子どもも悩み苦しんでいる心の声を聞くのです。

以前にも書きましたが、ダウン症の男の子の特別養子縁組の時に自宅へ訪問すると、ご両親は特別養子が成立すると離婚をすると言われました。

仲間たちは、背後で勝手な行動をする私を非難していましたが、帰り際にこの子を抱き上ると、この子の右手が私の左手をしっかりと握り、自分の運命を託してくれているように感じたのです。

この子は、奇跡的に新しい家族へと導かれて行くのです。この子は、牧師家庭に引き取られて、最高の幸せを味わっています。

愛知の難病の赤ちゃんも、抱き上げた時に、私の目をじっと見つめていました。目が合うのです。

赤ちゃんは、言葉にはできませんが、全てを察していて、どうすれば良いかを教えてくれるのです。

そんなばかなと思われますが、子どもにある命の輝きが、私の背中を押してくれることを良く感じます。

恵満の中にある命の叫びを何故か感じて行動していました。

当然、重度心身障がいであり難病を抱える赤ちゃんの養親候補など現れるはずもありません。

「やまと」は、まだまだ手が掛かります。

これも、不思議なのですが、周りの状況や自分の思いではなく、子どもを受け入れる時は、何かに憑かれたようにその方向に進んでしまうのです。

「やまと」の時と同じように、恵満の場合も同じでした。

私は、もの凄い恐れと不安で心が押し潰されそうになりますが、大きなみ手に捕えられているとしか思えない言動をして、不可能が可能になって行きます。

ある時、東京駅の近くにある店で、恵満の実親と面談しました。

大変悩んでいる様子で、家庭環境も複雑でした。

恵満を妊娠中に起こった、ご両親のハラスメントや障がい発覚時の気持ちなどを話してくれました。

結論として、特別養子でお願いしたいと言われました。

私は、それを前提で動くことを約束しました。また多分養親候補の苦戦が予想されますので、私が受け入れる可能性の高いことを伝えました。

最後に、子どもが養子委託になっても、会うこともできないので、それまでに、親として責任を果たしてくださいとお願いしました。

最低の医療保証や恵満に必要な行政手続きの同意をお願いしました。

具体的には、小児慢性特定疾患の受給者申請や障がい手帳の申請、療育手帳の申請です。

関わりを拒否していたので、この子に必要なものを何も手続きしていませんでした。

また、予防接種の状況も心配でした。

恵満は、超難聴で、その治療に同意がされていなかったこともあり、治療期間を過ぎていました。

小児科の医師は、もう少し早く耳の治療を始めていれば、聞こえるようになっていたと言いました。

このようなことを、病院側から聞くたびに、少しでも早く奈良に連れて行かなければと焦りました。

恵満に、最低限の医療と福祉を受けさせてあげたい。できるならば、恵満の傍に行って抱っこだけでもしてあげたいと思いました。やまともまだまだ手がかかるので、何とかほかに養親となってくれる方を一生懸命探しました。

本当に祈りながら一生懸命探したのです。

予想通り他の養親候補は現れず、私が受け入れることで手続きを進めるしかありませんでした。

今回、すでにやまとも養子縁組として迎え入れているので、さらに手の掛かる恵満を受け入れることに、家族の了解、特に家内の了解がなかなか得られませんでした。

私は、重度身体障がいを患い、しかも難病の恵満を受け入れることは並大抵のことでないことを十分理解していました。

家内との話し合いはいつも平行線でした。

やはり恵満の受け入れは無理なのか。

なんとかならないのかという二つの思いの中で葛藤が続きました。

私にはできる力も確信もありません。

失敗したらもう信用を無くして、仕事もできません。

恵満を受け入れたら、牧師職は無理だろう。

自分の人生は、これで終わるかもしれない。

この問題を相談できる人がいないことに、また呻きの苦しみを持ちました。

私のような若輩は、こんな時こそ先を進む先輩の知恵を必要とします。

やはり自分には無理なのかという思いを心の奥底にどっしりと抱えてしまいます。

どのような結果を出すか、タイムリミットは刻一刻と迫ってきます。

今まで、幼稚園を始める時も、この特別養子を始める時も、大切な決断を自分が行ってきました。

大きな課題は、重荷が大きすぎて、たやすく決断できないことは分かっていました。

私のような無鉄砲な者が、先を走らないと、この道は開拓されない。皆さんに先を歩いてもらうことはできません。

そんな時私の心の中にいつも聞こえてきた御声は「何もしないで失敗もしないより、何かして失敗することの方が価値がある」という、アメリカの有名な牧師の言葉でした。

恵満の人生は、親に捨てられた、難病に苦しんだ、障がいが重い、けれどもそうであるにも関わらず、恵満を愛して家に帰そうとした人が一人でもいるならば、その一人にならせていただきたいと思いました。

自分がそのための足跡だけでも残せるならば嬉しいことだと思うようになりました。

家内との話合いは最後まで平行線でしたが、一日だけでも家に帰してあげたいことを伝えました。

私たちは、恵満の受け入れ態勢をいかに作るかに全力を尽くしていると、恵満の入院先の病院から連絡があり、遠回しに私を疑っていることを伝えられました。

病院からの連絡では、奈良の大学病院に入院先の病院から、「奈良の松原なるものは何者か、何かを企んでいるのではないか、重度身体障がいの赤ちゃんを貰おうとしている」と問い合わせがありました。

重度心身障がいの子どもを我が子にしようとするのは、それほど信じがたいことのようです。

私はただ、この子の当たり前の幸せと帰る家を作りたいと思っているだけです。

やまとの時もそうでしたが、決して特別なことを考えていたわけではなく、いつか病気が癒えて元気になった時、家族でレストランに行き、お子さんランチを食べさせたいとそう思っていました。やまとは、その夢をすでに実現して、今では一緒に温泉にも入って楽しんでいます。

また、家族のなにげない会話や笑いの中にやまとや恵満を共に入れたいと思っただけです。

たとえ会話ができなくても、その温かな雰囲気の中に入れてあげたいだけなのです。

現在やまとは、「うーうーあーあー」と大きな声を上げて、私たち家族の中で一番の存在感を表しています。

医者や行政の方々はそれが信じられないようです。

東京の病院に呼ばれ、医師や看護士、ソーシャルワーカーに囲まれて、

「この子がどれ程酷い障がいか理解しているのか」

「あなたはおかしいのではないか」

「何も知らないくせにそんなことをして、病院を混乱させるつもりか」など、ありとあらゆることを質問ではなく尋問されました。

ここでも、一人で立ち向かいました。

自分がなぜこのような仕事をしているのか。

なぜ、障がいの赤ちゃんに家庭が必要なのか。

やまとのことや他の赤ちゃんのことなどを必死で話しました。

ただただ私は、お父さんになってこの子と幸せな生活をしたいだけですと話しました。

その結果、少しずつ前進して、何とか奈良に行けるように、進み始めました。

恵満の実親は、それまで協力的でなかったのですが、恵満が奈良に行くことが現実的になると、態度が一転して協力的に変化しました。

それと同時に、立川の家庭裁判所に養子縁組手続きを出しました。

この事が、恵満のご両親には決定的となり、全力で協力してくれました。

お互いに集めなければならない資料や必ず裁判所の家庭訪問を受けるので、それらの対応だけは、スムーズに行ってほしいと願っていましたが、予想以上に好意的にしてくださいました。

全ての資料や申請書を準備して、立川の家庭裁判所に向かいました。

担当官にこれまでの全ての事柄を説明します。

恵満が、どのような状態で産まれたのか。その後障がいや病気が次々に判明する経緯等。私との出会いや、その中での実親の対応、また親の変化等、なるべく詳しく説明しました。

裁判所に入って二時間を超えると、私は今までの疲れが急に出てきて、しゃべるのがしんどくなり始めていました。

担当官は急な用件であるにもかかわらず、丁寧に聞き取りをし、理解してくださいました。

普通それなりの時間が掛かってしまうのですが、担当官が事情を理解して、最短の審議で結審となりました。

次の週には、恵満の具体的な輸送方法や、病院が受け入れ可能かを課題として話し合いました。

幸い奈良県の病院が基幹病院として受け入れてくれることになり、救急車で東京駅から、次は新幹線で京都駅へ、最後にまた救急車で病院というスケジュール通りで動き始めたのです。

私は牧師を三十年間。奈良に来て二十二年になりました。今回、恵満を受入れるこ

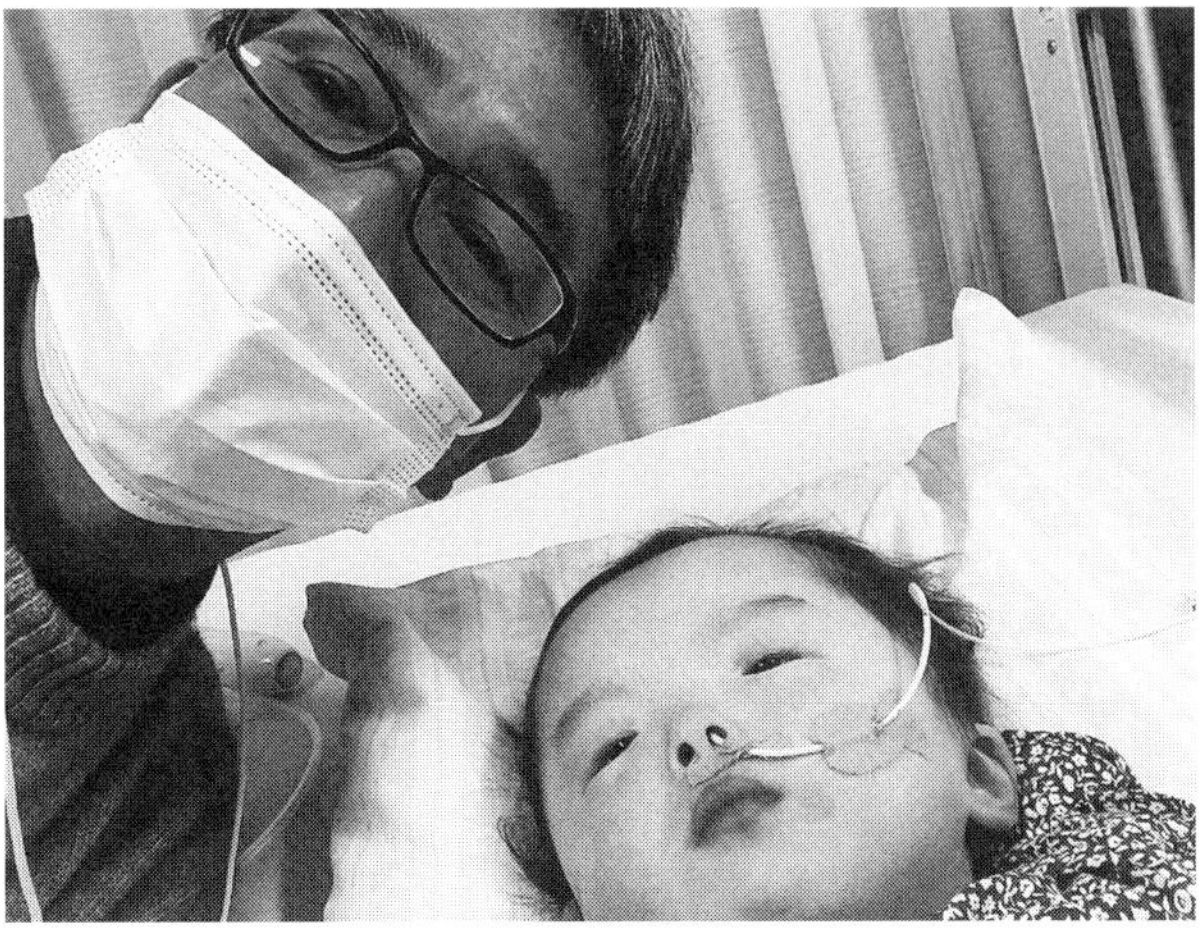

奈良に来た日　恵満

とで、このまま牧師を続けることはできないと心に決めていました。

最後の礼拝は、そのことを告げていた人々が来てくださり、お別れをしました。

この日から恵満の二十四時間付き添い看護が始まったので、教会員の皆さまへの挨拶もできずに教会を去ることになりました。

この目的は、恵満を我が家に迎え、両親として共に生活することです。

そのことを神様に許されるのであればそれで良いのです。

一月の二十八日に、恵満は救急車で、無事に奈良に来ることができました。

育児放棄をしていた実親は、病院の医療費も滞納しており、それも肩代わりすることになりました。

私の子どもですから、払って当然です。

また、病院から東京まで救急車を使い、新幹線で運ぶのももちろん保険は効きませんから、実費を準備する必要がありました。

それに付き添う小児科の医師と看護師の日当、行き返りの旅費や滞在費などすべて、私が支払うことになりました。

これも当たり前です。

親の責任で行わなければなりません。

こんなにも、大きな費用を背負うことは、私一人の心に納め、神様が満たしてくださることを信じる以外ありませんでした。

一月二十八日、恵満は無事に奈良の病院へと転院しました。

その日から、私の人生で一番厳しく嬉しい格闘が始まりました。

転院当日、夜十時に最後のミルクを飲んだ後、大量に吐いて、呼吸が止まりそうになりました。

元々経口摂取ができませんから、一日五回、二百ミリのミルクを二時間かけて鼻から注入します。

しかし、胃が大量のミルクを受け付けず、ゆっくりミルクを飲ませても、大量に吐いてしまいます。

その日の夜は、夜中看護士と医師が対応してくれました。

もちろん私も一睡もしないで、ただ見つめる以外ありません。

それからも大量に吐く状態は続きます。

態勢を変えたり、量を減らしたり試行錯誤の連続です。

日中も、朝なのか昼なのか夜なのかほとんど分かりません。

恵満の状態に付き添うのが精一杯で、情けないことに夕方に夕日を見ながら、今日一日が終わろうとしているのを座りこけて見ています。

また恐怖の夜がやってきます。

今日も大量に吐いたらどうしよう。

今日も一睡もできなければどうしよう。

不安ばかりが先行して、持っていたはずの信仰はかけらも見い出せません。

自分は信じていたものはなんだったのか。

何とも惨めな姿でしょう。

不安のあまり、医師や看護士に必死で相談していました。

本当に、この先退院してやっていけるのか、どうかと、毎日葛藤が続きます。

やまとと恵満と二人を一人で見ているイメージが浮かばないのです。


また、一歳を過ぎた子どもの発達に必要な栄養を取らせないといけないので、後は時間をもっとゆっくりにするか、カロリーの高いミルクに変えるか試行錯誤が続きます。

時間をゆっくりにすると、胃の中に常にミルクが在ることになり、胃が休まる時間がありません。

主治医には正直に、「このままの状態では、家に迎え入れることはできません。どうすればよいでしょうか？」

と相談をしました。

ちょうど、コロナの真っ最中であり、付き添い看護の交代ができず、私が二十四時間全てを恵満の横で過ごすことになりました。

想像を絶する苦しさでした。

先の見えない毎日を来る日も来る日も過ごしました。

また、恵満の行政手続きや保険証などの変更等ありとあらゆることをこなさなければならず、一日の中で唯一外出できる一時間はそれらで消えて行きました。

今でも、思い出せないくらいの仕事を一人でこなすので、心を消耗し尽くしていました。

主治医も私の状態を見て、心配してくださり、何とかならないかと考えてくださっていました。

そのような中で、やはり胃の検査をして診ると、胃の上の部分が閉まらないために、逆流を起こし、そこを縛る必要があると言われました。

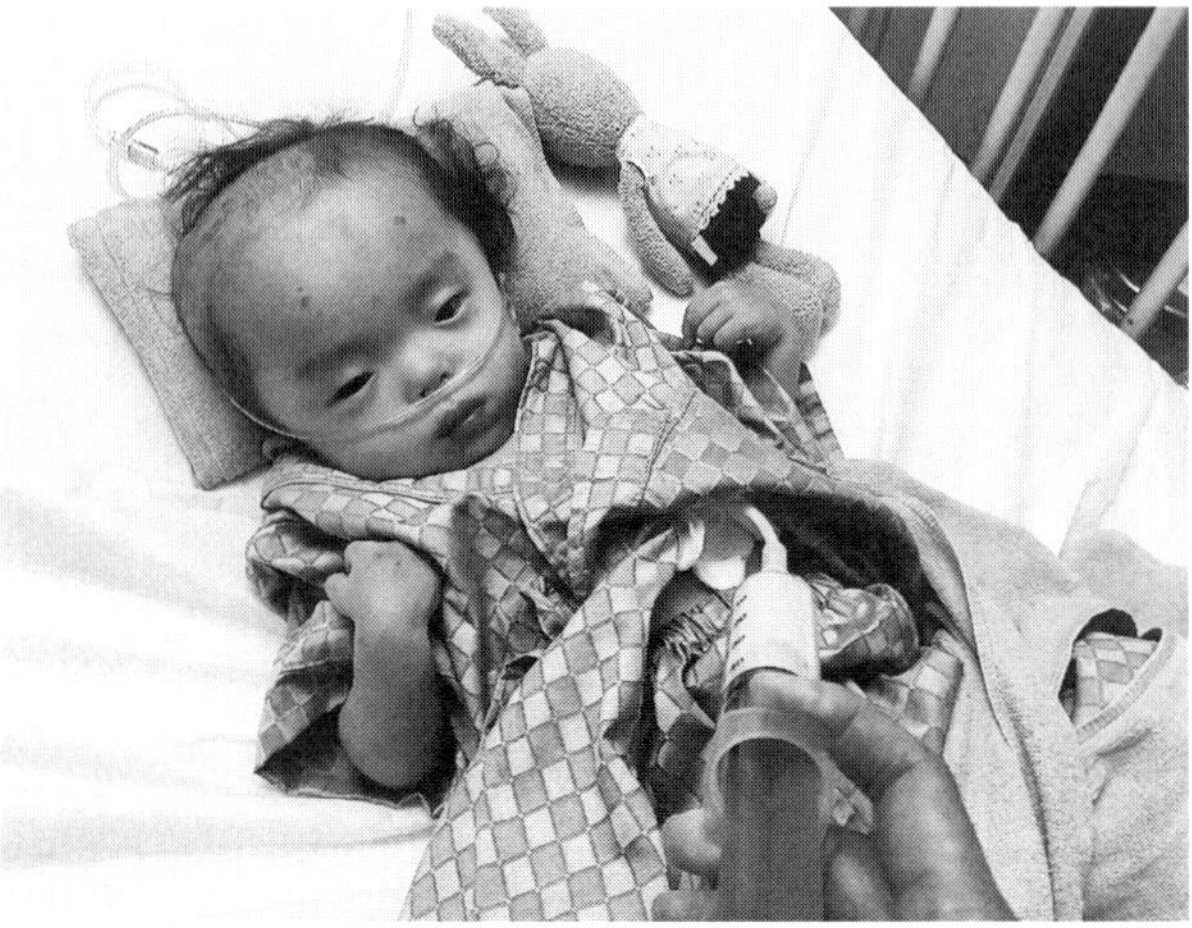

恵満の注入

同時に胃ろうの増設を検討することになりました。

胃ろうの増設ができると、管も太くなり、高カロリーの食べ物を少ない量で流し込むことが可能となります。

年齢も二歳を迎えるので、胃ろうの増設が必要ではないか等、様々なことが考えられます。

以前の病院から言われていた症状とかなり違うので、今後のことが予想できません。

季節も時間も何も感じない病室の中で、どうしてあげたら良いのか分からない状態で恵満と、途方に暮れる毎日でした。

毎朝、六時にミルクを飲ませ、二時間か

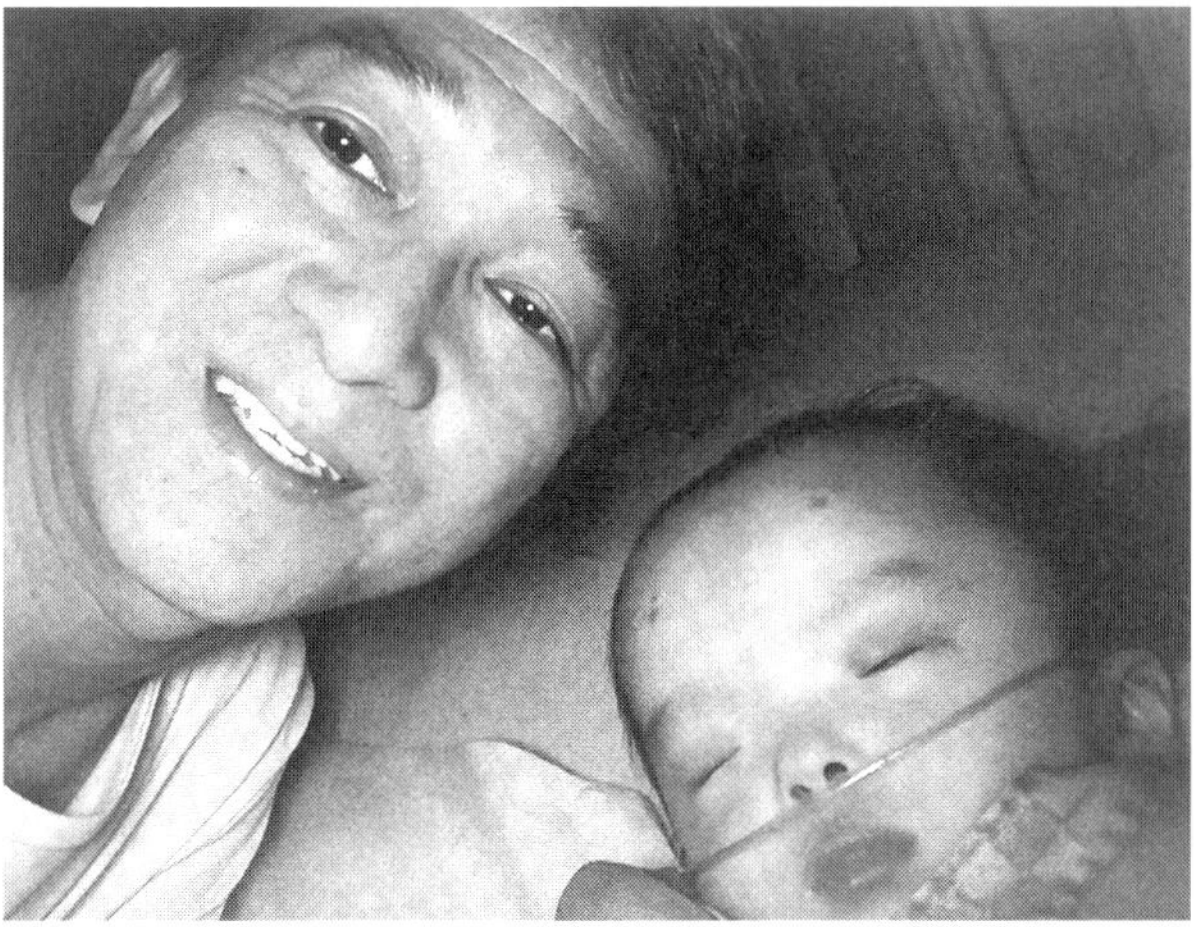

夜中に病室

けて行い、またそこで大量に吐くとその処理と全身の着替え、そして、十二時にまたミルクを飲ませる。その後、午後三時と六時と最後十一時に行います。

そうしないと、恵満の体調と水分を保つことができませんでした。

この鼻からの管は実に細いので、薬などが良く詰まってしまい、特に私が行ったときにへたくそで良く詰まらせてしまいました。

最後の注入に詰まると、管の交換をしなければならず、それはそれは、時間の掛かるものでした。

その日常の中で、余った時間にシャワー

をさせて、その合間に検査が入ります。

その余った時間に私の物と恵満の洗濯と私のシャワーです。

看護士さんが夜はお手伝い下さり、少し助かりましたが、寝る時間や休む時間、ご飯の時間など日々変化して、自分の体調と心の状態を保つのは難しく、徐々に心のエネルギーが枯渇していくのです。それすら気づくことはできませんでした。

少しの余った時間に、本を読んだり聖書を読んだり説教の準備ができなくはないのですが、徐々に活字が読めなくなりました。

自分の中から笑顔が消えて、恵満の毎日を支えるのが精一杯でした。

今考えても記憶のないことが多々あり、一月から八月まで何をしていたのか思い出せないことの方が多いのです。

二月の初めに胃の検査をすることになりました。

恵満の胃の状態を把握して、今後の治療方針が決まります。

検査は、鼻から何種類かの管を入れて胃まで到達させます。

それを二十四時間行いその結果、胃酸がどの程度上がっているかを調べるそうです。

この検査は、入院中の病院でできますが、週に一度だけ近大病院から来ている先生がして下ることになりました。

恵満は検査の管を入れるのが苦しいのだと思いますが、辛そうでした。

この管を抜いてしまわないように手を大きな布で包みます。

私はそばで祈りながら見守ることしかできません。

何もできませんが、共に時間を過ごせることに感謝をしていました。

二十四時間後検査が終わり、やっと解放されました。

シャワーを浴びることができないので、体を拭いて少しだけ抱っこします。

数日後、検査の結果を医師より伺いました。

かなり胃酸が逆流しており、胃の上部を縛る絞扼術が必要ということと、元々胃の大きさが小さいので無理に鼻からミルクを入れるよりも、胃ろうを増設して、少ない量で高カロリーなものを入れる方が良いだろうと言われました。

近大病院へ転院して、二月の終わりにその手術を行うことになりました。

期間は二週間です。

胃の上部を縛る絞扼術と胃ろう増設のため、近大病院に転院が来ました。

近大病院では、胃の上部を縛る絞扼術と胃ろう増設の手術のために、もう一度同じ検査をします。

検査の結果を見て、医師から説明がありました。

どうしてもミルクを飲む時に胃の上部が開いて逆流するので、それを防ぐため胃の上部の組織を巻き込むように包むそうです。

胃ろうの増設を同時に行います。

この時も全ての同意をしました。

手術の当日、ベットに寝かされて、手術室に向かう恵満を見送ります。

何とも言えない不安な気持ちになります。

恵満の頭に手を置いて、短い祈りをしました。

「神様無事にお願いします。」

やまとの時もそうですが、手術の結果を待つというのは大変重苦しい時間です。

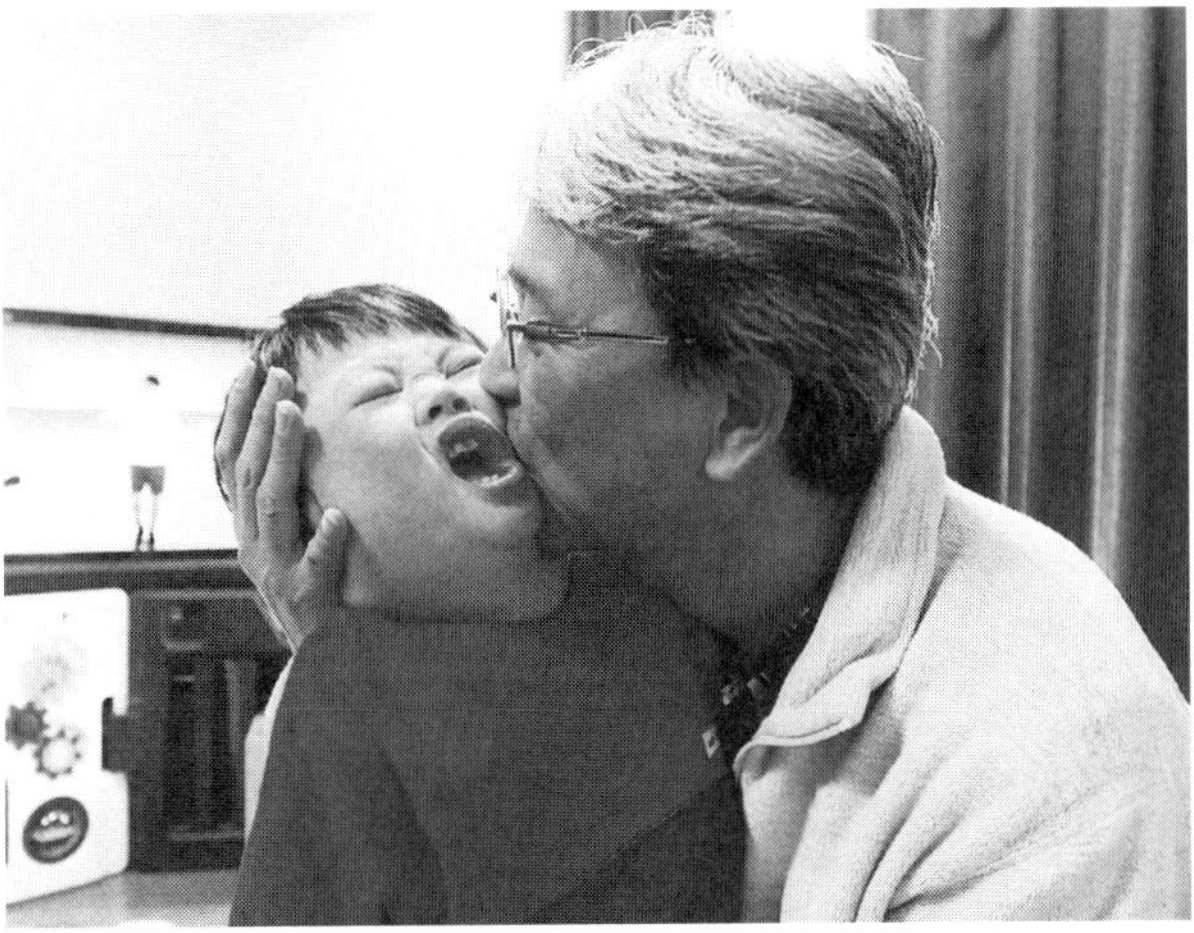
大和と共に

しかも、コロナの影響で待合室は私一人です。

長い時間経過して、医師が出てきました。

「手術は無事成功です」

「しばらく集中治療室に入ります」

この集中治療室に入っている時だけ、完全看護で私は自宅に戻れました。

久しぶりの病院以外の空気を吸いました。

家に帰り、大事なやまとを思いっ切り抱きしめました。

だが、私の中で生きている感覚がないのです。

地に足がついていないような三日間です。

恵満が一般病棟に戻ることになり、また病院に向かいます。

また、直ぐに恵満が高熱を出してしまいました。

原因不明です。

また、集中治療室に逆戻りです。

点滴より耐性菌が入ったようです。

高熱が長い期間続きました。

今までの抗生物質が効きません。

違う薬に変えて、やっと治まり、一般病棟に戻る日に、私が病室に向かうと、恵満の病室が慌ただしく、私は待合室で待たされました。

主治医が出てきて
「娘さんの呼吸が停止しました。」

私は、びっくりして何があったのか聞くと、

「原因は不明です。麻酔をかけた瞬間に呼吸が止まったてしまった。」と言いまし

た。

応急処置が終わり、再び集中治療室に向かいます。

向かう途中で、恵満のおでこを少しだけ触ると、恵満は目を閉じて、外部から空気を送られて何とか頑張っていました。

目まぐるしく変化する恵満の体調に、自分の心もついていくのが精一杯でした。

ただ必死で、恵満の傍にいることしかできません。

このようなことが二度ほどあり、この病院では二週間の予定でしたが、気づけば一か月が過ぎようとしていました。

知らない間に、季節は冬から春に変わっていました。

寒い冬に病院に入り、近大病院から元の奈良の病院に戻る頃には、桜が散っていました。

無事に恵満が奈良の病院に戻る頃、恵満に変化がありました。

表情が全く無くなり、反応が鈍いのです。

主治医の説明によれば、持病のてんかん発作がひどくなり、日常の反応が乏しくなっているということです。

転院して少し落ち着いてくると、今度は脳の検査を行うことになりました。

恵満の頭にたくさんの電極を張って、脳波の検査です。

二十四時間恵満を撮影して調べました。

やはり持病のてんかんが出ていました。

今までも、てんかんを抑える薬は飲んでいました。今回は強い発作で座薬も使用することになりました。

次に脳のＣＴを取りました。

恵満に麻酔をして、寝ている間に検査を行いました。

「水頭症が進んでいます。」

以前から水頭症があるのはわかっていましたが、すぐに治療の必要はなしと言われていました。

脳のＣＴを取ると、奈良に来た時と近大病院で検査した画像と今回の画像を見比べると素人の私でも変化が分かりました。

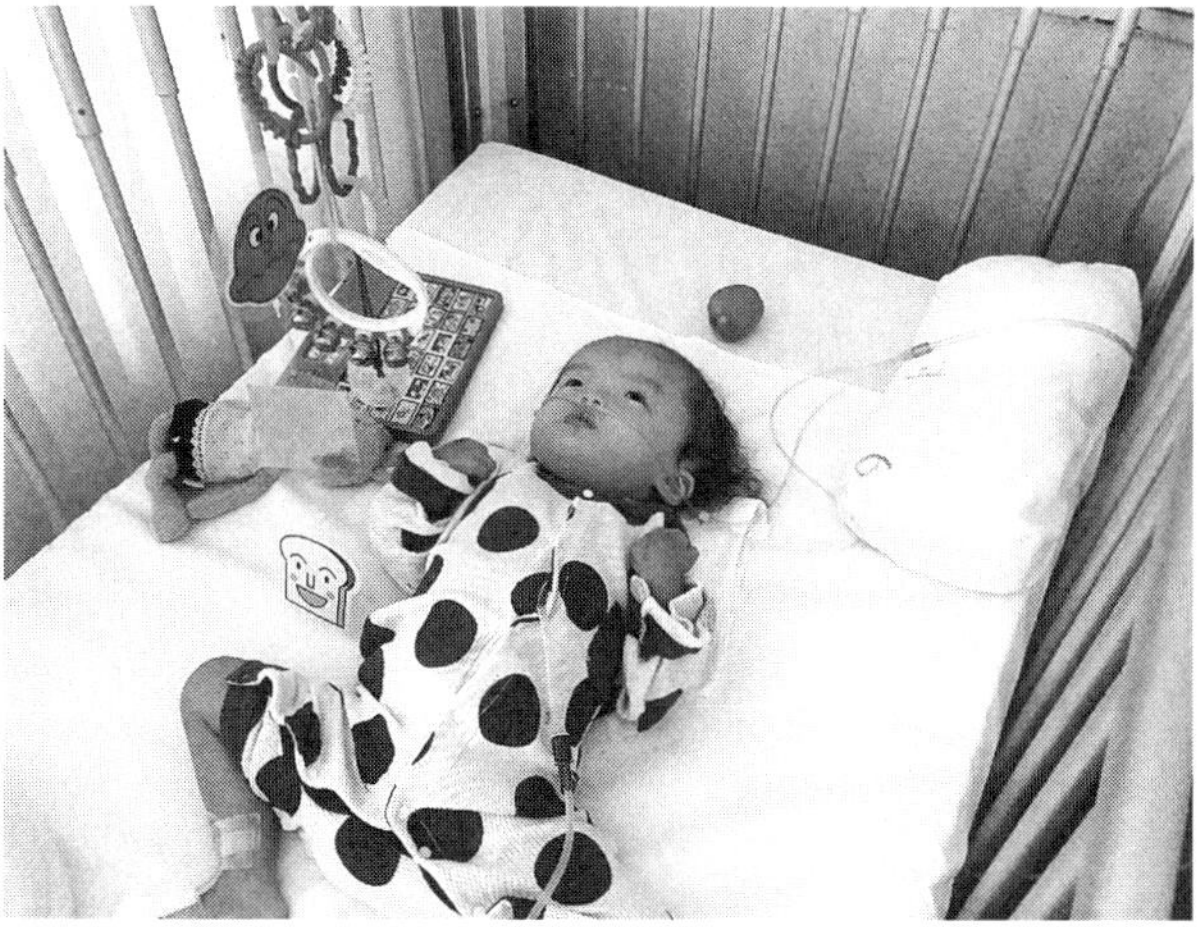

水痘症手術後

脳の隙間が全く無くなっていて、脳液が脳を大きく圧迫していました。

主治医もどうしてよいか迷っていました。

同じ病院の脳外科の先生からは、焦らなくても良いのではないかとの意見がありました。が、この病院には小児の脳外科はないのです。

そこで、最終判断を仰ぐために、大阪医療センターの小児脳外科医の診察を受けることになりました。

不思議な思いがします。

どうか神さま助けてください。

診察の当日、奈良の主治医と私が救急車

で大阪へ向かいました。

小児脳外科の医師は、画像を見ると「これは、手術が必要です。手術しないと脳が大きくなり、大きくなった頭を小さくする方法はありません」と言われました。

次から次へと病気と障がいが現れます。

自分はこの子のペースについて行くことができず、自問自答しました。この子を自宅で養護できるのだろうかと。

経済面でも不安があり、私が第一線で働けないので収入は減り、障がいの二人の子どもを育てられるのか、不安を抱える毎日でした。

また、その頃牧師を辞任したことで、周囲の詮索が始まり、悪評が立ち狭いキリスト教会内で悪い噂が広がり始めました。

人間は冷たいな。

恥ずかしい話、クリスチャンと言われる人々は冷たいなと心で泣いていました。

「主よ、小さな命を守り、自分の子どもにするために一生懸命頑張って、周りからこんな仕打ちを受けるのですか」、「なぜですか」と言う祈りを毎日していました。

それと同時に、今まで良く事が運んでいた時は、「松原先生素晴らしい」と言った周りにいた方々が、ことの行き詰まりと同時に、潮が引くように去って行きました。

自分の心を冷静に保つのがやっとの毎日です。

目の前には、一番小さな生命「恵満」がいるんです。

イエス様は「これらのいと小さきものの一人にしたことは私にしたことです」と言う言葉が折れそうな私の心を支えてくれました。

大阪への転院が決まりました。

やまとが入院していた大阪医療センターです。

やまとが過ごした時を思い出しながら、恵満と手術の時を待ちます。

先生の説明では、頭に穴をあけ、小さなバルブを通してそこから管を通して脳の水を胃に流すというシャント手術です。

この病気の治療も初めて聞くことばかりで、大丈夫だろうかと心配でした。

病状を見ながら、手術の日を待ちます。

しかし、脳の状況や体調が整いません。

入院は二週間の予定でしたが、最初の手術前日の夜に変更になりました。

二度目の手術もてんかん発作が続くため見送られ、やっと手術の日程が決まり、恵満を手術室へ送りだす日がやってきました。

やまとの検査を含めて、何度子どもを手術室に送りだしただろう。

看護士さんが気を使ってくださり、手術室まで一緒に行ってくださいと言いました。

恵満の手を握り、手術室へ向かうエレベーターに乗ります。

やまとと同じ手術室に入っていくではありませんか。

不思議なものを感じながら、恵満を見送っていました。

五時間ほどのシャント手術は終わり、恵満は集中治療室に移りました。

手術は上手くいったようです。

ほっとして、肩の荷がおりました。

子どもが手術を受けるというのは、本当に大きなストレスです。

神様が恵満の手術をお守り下さり、心から感謝です。また弱い私をここまで守ってくださったことにも感謝と奇跡としか思えません。

恵満は集中治療室で過ごして、一般病棟に戻ってきました。

しばらくすると、恵満に変化が表れてきました。

全く無表情だったのに、表情が表れ、泣く事さえできなかったのが、泣けるようになりました。

自分の感情表現ができるということは本当に大切です。

それからも、恵満はてんかんの発作などが再三起こり、予定より大幅に遅れて奈良に帰ることになりました。

気が付けば、すでに恵満の一通りの手術が終わるのに、八カ月掛かっていたのです。

奈良の病院に戻り、脳波の検査の結果、てんかんは少し続いていますが、落ち着いてきています。

現在奈良の病院で、さらに体調が安定するのを待ち、退院のタイミングを計っています。

現在、少しずつ恵満の退院へ向けた病院の指導が始まりました。

まだまだ、専用の車や、専用の車いす二種類と準備がたくさんあります。

このような障がいの赤ちゃんが、帰ることができる「家」を作りたいと思っています。

私は毎日病院へ通い、恵満のお昼の注入、午後三時の注入を練習しています。

先日は、恵満が初めての外出と外泊をしました。

病院以外での生活をしたことのない恵満が、初めて看護士さんに付き添われて、我が家に帰ってきました。

とても緊張した様子でしたが、大きな専用の車椅子に乗せられて、病院の車で帰ってきました。

雨の日でした。私と家内は共に玄関まで迎えに出て、抱っこして家に迎え入れました。

専用のバウンダーを病院からお借りして、それに乗せ換えました。

大変緊張したようですが、直ぐに慣れて眠りにつきました。

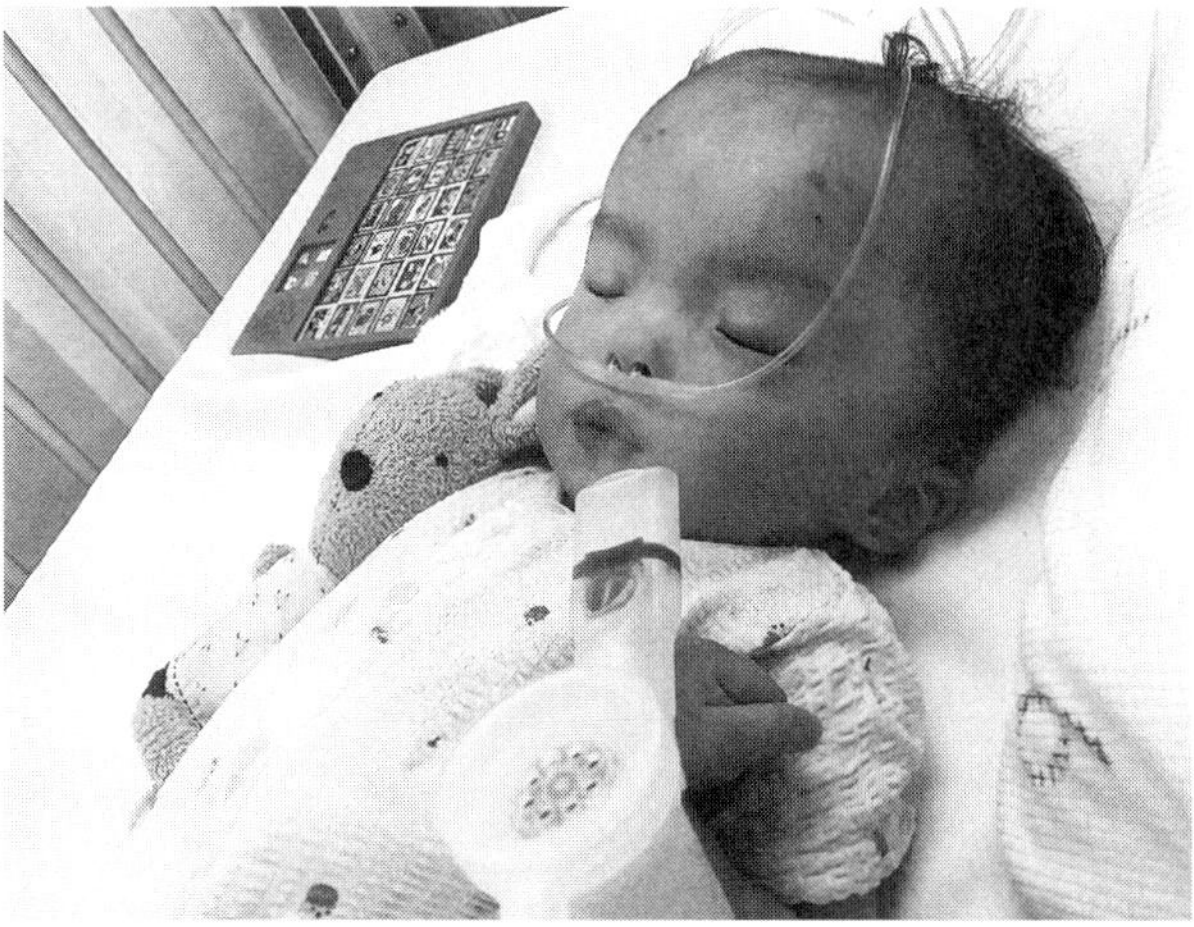

薬を注入

我が家でお昼の注入を済ませて、病院へ帰りました。

あっという間の三時間でした。

病院の車が迎えに来て、車いすごと乗って帰りました。

車が見えなくなるまで見送りました。

次に、初めての一泊二日の外泊も経験しました。

家に酸素の機械を設置して、恵満の病院に迎えに行きます。

チャイルドシートも恵満の体に合わせ倒れないように、通常のものを作業療法士がタオルを使い、色々と工夫してくれました。

病院の全面協力で、注入の準備や吸入の機械などを車に積んで帰ります。

この日は、家内と二人で看護士さんに見送られて、我が家に帰りました。

なれない恵満は、泣いていましたが、この日も直ぐにぐっすりと眠りにつきました。

夜は六時にご飯の注入を終えると、疲れたのか眠ってしまいました。

夜のお風呂は家内が入れてくれて、子どもたちも帰っているので皆で恵満の世話をします。

やまとはいつもと違う状況で、少し興奮気味で、早くに眠ってしまいました。

この日は、長女がやまとと一緒に寝ました。

恵満は、私と共にダイニングに布団を敷いて眠りました。

私は、酸素の状態や心拍数が気になって眠れませんでした。

指に付けたモニターを一時間おきに見ながら、異常が無いか確認する夜になりました。

この外泊までに、病院へはほとんど毎日通い、恵満の食事の注入や入浴の介助、また吸引のやり方、補聴器の取り付けなど、自宅で過ごせるように指導いただきました。

外泊の次の日は、少してんかんと痰を喉に詰めてしまい、恵満はしんどそうにしていました。

習った吸引をやろうとしましたが、なかなか怖くてできません。

細い管を鼻に押し込むのに躊躇しました。

幸いこの日は、看護士の長女がちょうどお休みで、恵満に吸引を行ってくれました。

直ぐに恵満は楽になりました。

私は、まだまだ訓練が足りません。

この後もしっかりと学んで、恵満が安心して生活できるようにしたいと思っています。あっという間の一日でしたが、家族全員がそろう貴重な日となりました。

恵満とやまとの初対面もありました。

恵満は表情一つ変えませんが、やまとは恥ずかしそうにしていました。

恵満のベットに行って、頭を「いーいー」と撫でていました。

「いーいー」と言うのは、いい子いい子です。

やまとはお兄ちゃんなのです。

次の日に、病院に帰ってしまったのですが、恵満の寝ていた部屋にやまとは何度も訪れて、恵満の寝ていたベットをじっと眺めていました。

やまとも小さいながら何かを感じていたのでしょう。

ほんの少しずつですが、恵満もお家に近づいていることを感謝いたします。

この後、二泊三日の外泊を重ねながら、恵満の体調を診て、退院になります。

頑張る家族

新規の相談は、毎年五十件を越えます。

全てとは言いませんが、ほとんどが障がいや難病の赤ちゃんの相談です。

全て特別養子で温かな家庭に繋ぐことができるわけではありません。小さな命それも特別配慮が必要な命ですので、慎重に全力で行っています。

そのような中でも、最も嬉しいことは、養子として出そうと決めていた家族が、思い留まり、子育てを頑張っていることです。

このような例は、決して多くありませんが数例存在します。

その方々は、今でも連絡をくださり、そのしんどさや苦しさを共に分かち合いながら歩んでいます。

関東地方のご家族二組からの連絡がありました。

どちらもダウン症の男の子で、出産後退院して家庭養護が始まっているケースです。

家庭養護を行っているその一つの家族は、ご両親宅で。もう一つの家族は、ご自宅で。ご主人の職場がご自宅に近く、何かあれば直ぐに帰れる状態です。

二家族共に、特別養子縁組希望でした。

同じ関東地方なので同時に面談することにしました。

Aさんご家庭は、高級住宅街にあり、立派なご自宅でした。

その日だけ、赤ちゃんが自宅に帰っており、赤ちゃんを抱っこできました。

ご夫婦共真面目な方で、考えに考えて連絡をくださったようです。

決心は固く、特に実母は赤ちゃんを抱っこできないようで、家にいる時は主人が育児をしているということです。

ご主人は育児ができるので安心かと思えば、赤ちゃんの授乳の際に、哺乳瓶を寝ている赤ちゃんの口に持っていくという感じで、赤ちゃんを抱っこして飲ませることは無いようです。

色々な説得を試みましたが。私が帰った後、直ぐに、実家に戻すと言っていました。

残念ですが、この子は特別養子で委託になりました。

Aのご家庭の後、さらに苦しいBのご家庭への訪問が待っていました。

Bのご家族は赤ちゃんを自宅で養育されています。実母が鬱症状で、時々我が子に殺意を覚えてしまう。ご主人は職場が近いとはいえ、毎日緊張の連続で、家で何もない一日を祈りながら過ごしていました。

私は、我が家に来たやまとの話や、将来の不安等、そんなに心配することないこと。ネット上では悲惨な記事ばかり出ているが、気にしないで私たちと情報交換をしましょうと。

また、どうしてもしんどい時は、我が家でしばらく預かることも可能であると告げました。

決心は変わらないのですが、実母の心が少しほぐれていると感じることが多々ありました。

調子が良いからといって、精神科より処方されているお薬は必ず飲むこと。何かあったら私に直ぐに連絡を入れることを約束してくれました。

大変だけれど、一緒に子育てを頑張りましょうとお願いし、何かの決断をする時は私の許可を取ってくださいとお願いしました。

このような精神状態の時に、大きな決断はなるべく後回しが良いのです。

ここまで、約束できて少し安心しました。

別件で千葉へ行く用事があったので、ご主人に駅まで送ってもらいました。

その時、話し合いの時はご主人があまり本心を言われていないように思ったので、ご主人の本心を車の中でお聞きしました。

すると、ご主人の気持ちは、できればこの子を家族として育てたい。しかし、育児の主になる妻が、あんなに明るかったのに、今では笑顔が消え、何をするか分からない状態を毎日見ると、とても自宅で育てるとは言えませんと言われました。

複雑な胸の内を語ってくれました。

駅に着いて車を降りようとする時に、ご主人が「妻には大きな心の支えが必要です。松原さん、どうか妻の心の支えになってやってください。」と言われ、男泣きの涙を流されました。

何とかならないのか？

この子がこの家族で暮らせる方法はないのか？

葛藤が始まりました。

私には、あのご主人の涙は赤ちゃんの涙のように思えてならないのです。

あの子が両親の家で暮らしたいと涙を流しているように思えるのです。

この子は、この家で幸せになるような気がしました。

ちょうど、その頃障がいを持っていても良いという養親候補がいたので、この子も想定して準備を進めていました。

それと同時に、毎日のように連絡を取り合い、「私が支えるから、何とか自宅で頑張りましょう」という励ましを実母に続けました。

別件もあったので、最終の応答として「現在赤ちゃんの養親候補がいます。今の段階で、とても素晴らしい家族です。研修が終了すると委託が可能になりますが、どうしますか？　二週間後に連絡しますので、その時までにご主人と家族で話し合ってください。」とお願いしました。

最後に「私は自分の夢として、子どもの家を作りたいと思っています。家庭で頑張ってみてどうしてもだめな場合は、私の子どもの家に迎えますから、頑張ってみませんか？」とお願いしました。

何とか家庭で養育を頑張って欲しいので、このように言いました。

約束の期日に返事の連絡がありました。

そこには次のように書かれていました。

「松原さん、いろいろ親身になってありがとうございました。主人といっぱい話し合いをしました。この子を家庭で頑張ってみようと思いました。そして、どうしてもだめな場合は、松原さんの子どもの家にお願いします。ここがあるだけで心の支えになります。今まで本当にありがとうございました。」

本当に嬉しかったです。

ご主人からは

「松原さん、妻の支えになってくださりありがとうございました。我が家が守られました。このご恩は一生忘れません。」

というような内容でした。

それからも、時々連絡を取り合い、本当に苦しい時は、やまとを連れて訪問しようかと思っていましたが、その必要はなく、幸せにしておられます。

一年後、家族写真が送られてきて、家族全員笑顔でした。

この仕事をしていて一番幸せに感じる瞬間です。

幸せを感じる間もなく、次々にしんどい相談が入ってきます。

お母さんからの連絡でした。

やはりダウン症の男の子でした。

とても育てられないので、特別養子縁組を希望しますとのことでした。

面談のために関東に向かいます。

お母さんが駅まで来て、家までお連れくださいました。

ちょうど赤ちゃんも寝ていました。

ご主人は、何とか家庭で育てたいと言う希望を持っていましたが、お母さんはどうしても受け入れられないそうです。

良く話を聞いてみると、お母さんは、幼少期に祖父祖母の介護で、認知症になり障がいを負った祖母の看病が大変つらく、それがダブってしまうそうです。

すでに精神科に通い、薬を服用しながらダウン症の赤ちゃんを月曜日から土曜日までめいいっぱい預け、なるべく接する時間を減らしているとのことです。

また大きな課題を抱えてしまいました。

同時に、病院に入院中の男のダウン症の赤ちゃんと児童相談所より女のダウン症の赤ちゃんの相談を抱えていました。

精神科の薬を飲みながらなので、なんとか早く繋げてあげたいけれども、現在、委託可能な養親候補は一組です。

この家族は土壇場で思い留まりました。

ご主人がどうしても家で育てたいと申し出てくれました。

恵満と共に

これも大変珍しいですが、本当に嬉しい限りです。

課題と今後

この働きを第一線でしていて感じる課題を書きたいと思います。

やはり一番の課題は、障がい児に対する偏見だと思います。

確かに、健常児に比べれば手間はかかると思いますが、ちゃんと家庭を形成できます。その家庭の形成の仕方はそれぞれで、それぞれの幸せが存在します。

家族とは不思議なもので、障がいの赤ちゃんが家にいることで、その家族の中から愛やぬくもりなどが引き出されていくのです。

我が家も、長女はやまとを愛して自分の子どものように接してくれます。

次女も、仕事から帰ってくると、まずやまと抱き上げます。次の休みは散歩をするなどやまとを通して愛があふれ出ています。

長男も、やまとを膝に抱きお風呂に入り、時間の許す限り遊んでくれます。

クリスマスプレゼント

やまとを通して、家族が良き方向へ導かれていきます。

やまとを通して、普通ではない世界を観て、豊かな心を育てていると思います。

障がいや病気の赤ちゃんの中にある命の輝きです。

もちろん、やまとは病院や成長などは健常児より手が掛かるのは間違いないです。かけがえのないものを提供してくれます。

どの家庭も同じだと思います。家族の誰かが病気になったり、事故などで怪我をして障がい者になったら、家族は自然にその対応を変化させて、その弱さや足りなさを補うものです。

気が付けば、そのことを通してさらに家族の絆が深まったり、家族のまとまりが強くなります。

それは、本来の家族の姿ではないかと思います。

障がいや病気の子どもと過ごすことは、さらに家族の絆が深くなり、良いきっかけになると思います。

夫婦は、子どもの事で時間をかけて話し合い、家族全体でそれぞれの価値観を共有し合い、自分の考えを押し付けずに、共通する部分を大切にする。

お互いを深く知るチャンスにもなります。

現代日本の家族は、そのような部分が弱くなっているのかもしれません。

障がいや病気の赤ちゃんは、本来持っている家族の姿を思い出させてくれるのです。

そのことを通して家族の絆を深くしてくれるのかもしれません、
そんな、可能性も感じてしまいます。

私は、将来やまとが近くの作業所へ通い、一日働いて帰ってきた時に、やまとと一杯やるのを目標にしました。

現在はお酒が飲めないので、少し練習が必要だと思います。一緒に一日の疲れを降ろすことができれば嬉しいです。


筑波大学の調べによれば、障がいゆえに医療の治療拒否、同意拒否で命を落とす赤ちゃんが年間二十人存在すると言われています。

やまとのことを思えば、もっと数は多いのではと私は思います。

これは実際の相談でもあったのですが、口蓋裂で口のある場所が裂けて生まれてくる赤ちゃんがいます。

症状によりますが、このような赤ちゃんは完全に治る場合が多いのです。

私は相談者に、そのようにお伝えしました。

この方からの相談は途絶えてしまったので、その後は分かりません。家庭で生活していることを望みます。

新聞に掲載された口蓋裂の赤ちゃんの記事によると、症状が良く分からないので一概には言えませんが、私の考えでは、かなり回復したのではないかと思います。結局は親の手術同意拒否で亡くなりました。

もしかしたら、ほかの病気も隠れていたのかもしれません。

口蓋裂でミルクが飲みにくいので、手術を医師が提案すると、親は拒否をしてしまい、結局は、ミルクを飲めずに赤ちゃんが亡くなってしまうケースが多くあります。

この場合も、口蓋裂は治癒する確率が大きいことをもっと知る必要があります。

もちろん担当医も説明はされたと思いますが、現在の整形外科の技術は最高で、ほとんど分からないように完治します。

病院の関係者だけではなく、もう少し障がいの赤ちゃんのことなどを相談できる場所が必要だと思います。

現在、二人のお母さんからダウン症の赤ちゃんの相談を受けています。私もダウン症の赤ちゃんを育てていることを伝え、共に子育てを頑張りましょうと励まして、今でも共に悩み苦しみを共有し合いながら、子育てをしてくれています。

ダウン症の場合は、日本ダウン症協会があり、それぞれの県で活動をされていますので、それらを活用する必要があると思います。

私もダウン症協会の奈良北支部に属しています。

毎月、ダウン症協会より多くの先輩方の励ましに満ちた成長の記録が送られて来ます。

本当に慰められます。

やまとの成長と睡眠のことでもダウン症協会の方が相談に乗ってくれました。

相談する場所があるというのは、心強いですし、何より頼りになる先輩方なのです。

これらの機関がさらに一般的に認知されることは大切です。

ダウン症だけでなく、障がいを持った赤ちゃんを育てる親の会が各地で小さく活動しています。

必要な情報も分かりやすく伝達できればいいなと思います。

このような家族は孤立しがちでなかなか自ら発信することもできません。

やまとも預かってもらえる所を探すのに苦労しました。

今通っている児童発達支援センタークレヨンも、当初は入れませんでした。

一年待機してようやく入園できました。

赤ちゃんが重たい障がいや病気の場合、家族は疲れ切ってしまいます。

疲れ切ったからと言って、預かってもらえたり、連れていける所は極端に少ないのです。

預けるどころか仕事を辞めざるを得なくなる家族も多いと思います。

私も、恵満を受け入れてから、牧師の仕事は続けられなくなりました。

多くの家族は、仕事を諦めることになります。

あるお母さんが、市役所に重度身体障がいの子どもを預けたいと相談に行きました。

理由は、仕事を続けたいと言うものでした。

市役所の担当者は露骨に嫌な顔をして、そんな子どもは家族が育てるのが当たり前だと言われ、非常に傷ついたそうです。

偏見は、このような社会の考え方そのもの中にあります。

重度身体障がい児は、家族が看るのが当たり前とする風潮は多いのではないでしょうか。

一億総活躍社会と、以前の総理大臣が言われていました。その中には、障がいや難病を持つ家族は含まれていないのでしょうか？

この問題をタブーにしてはいけないと思います。医療的ケア児支援法は通りました。裁量は各都道府県に委ねられていると聞きました。

もし、その県にやるつもりがないと、これまでと何も変わりません。

実際に難病の赤ちゃんを預けられる場所は少ないですし、あっても待つことが多く、いつでも預かれるとは限りません。

医療的ケア児は、ショートステイも限られてしまいます。

奈良県は二か所で、別の県ではないところもあります。

その家族の負担がますます増えてしまいます。

子どもは、社会で育てるということを、本当に実現していく必要を強く感じます。

糸賀一雄記念未来賞授賞式

預けられる場所と、親が休める時間をもっと当たり前に作る必要があります。

家族に障がい児がいても、親が仕事を続けられる社会になることがこれからの課題ではないでしょうか。

障がいと病気があるからこそ、豊かな家庭を作ることが必ずできます。

また、それには社会を必要としています。

家族が障がいの赤ちゃんや病気の赤ちゃんを身ごもっても、安心して出産できる社会になって欲しいと思うのです。

小さな命の帰る家

今後の展望は、このように障がいがあっても豊かな家庭を作ることができると書いても、その青写真がないと、どうしてよいかわからないものです。

私は、やまとと恵満を育てて、二人からたくさん教えられて今があります。

この経験を生かして、恵満の退院と共に小さな命の帰る家を作ろうと思います。

まず、自分がそのような家を作り、実際の課題をさらに深く掘り下げたいと思います。

それには困難を伴う道程だと思いますが、その喜びを分かち合いたいと思います。

パウロの伝道の原動力は、キリストに出会った「喜び」だと言います。

私も、その喜びを発信する者になりたいと思います。

現在与えられている家を最大限に用いて、やまとと恵満と家族が苦労しながらも楽しく生活している様子を発信できればと思います。

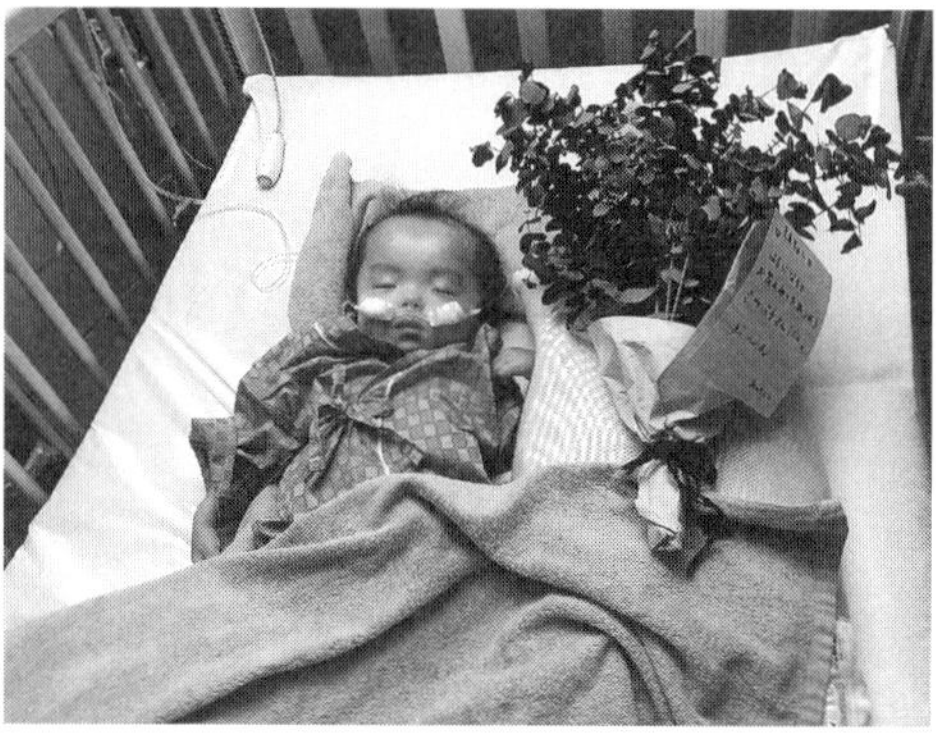

恵満2歳の誕生日

クリスマスプレゼント

尊敬するべき人々

私は、今この働きをしていて、心癒され感動する人々に出会いました。それらの人々が持っている考え方や価値観等、どれも素晴らしく、思い出すだけで勇気をいただきます。

一人目は、ダウン症の男の赤ちゃんを特別養子縁組してくださったご家族です。この家族は、特別養子縁組を行い、三人の子どもを家族にされて、皆すでに成人しています。最後の四人目はダウン症の男の赤ちゃんを受け入れて下さり、現在二歳になります。

この子は、出産後に障がいが分かったケースです。

実母は相当悩んだようで、精神的に不安定になり、何度も連絡が来ました。

赤ちゃんは、心臓手術を必要とし、まだ退院していませんでした。彼女は大きな不安を抱えて生活していました。

これも、以前に書きましたが、大きな手術を控えている場合は、全てが終わってから特別養子縁組の手続きに入ります。

親の手術同意の問題もあり、そこまでは親の責任としてお願いしています。

ここで、少し困った問題が起きてきました。

その赤ちゃんの状態によって、一時退院が可能になるケースです。

我が家のやまとは、一時退院を挟んで、体重が増えてから再手術の予定でした。

このようなケースは、珍しくなく度々起こります。

手術に必要な体力と体重になるのを待って再手術となります。

この子の場合も、一時退院を挟んで再手術となる予定でした。

この子の場合は、幸いそれに対応できるご家族でした。

遠い距離の病院まで通い、子どもの受け入れを頑張ってくれました。

赤ちゃんの実親が、一時退院の受け入れを拒否していたので、この家族にお願いすることになりました。

この一時退院から養育を実親と交代しました。

コロナのこともあり、結果的には退院せずに再手術をして、完治という状態で養親のところに行きました。

その間、相当遠い距離を夫婦で通い、親の務めをしてくれました。

東京在住の家族を訪問した際に、言われた言葉を忘れることができません。

「自分たち家族は、親のいない子どもの親、そして、主人の親の介護も自宅で行い、最後まで看取りました。私たち夫婦に残っている最後の務めは、障がいの子どもを養育したことがないので、それを最後として頑張りたいと思います。」

そのように言われたのです。

私が生まれて初めて聞く言葉でした。

我が家のやまとや恵満を含め、かわいいのですが、それ相当に苦労はあります。

もっとはっきり言えば、大変な苦労としんどさを伴う子育てです。

それを、自分たちの勤めとして考えておられる人々がいることに感動しました。

私もそのような人間になりたいと強く思わされました。

四国の青葉さんと望ちゃん

この子も、病気も癒え、この家庭で幸せに暮らしています。

もう一人は、四国の青葉さんご家族です。

このご家族は、私が最も尊敬する家族です。

四人の子どもを特別養子縁組で育て上げ、養子ゆえの苦しい子どもたちの葛藤を全部肯定的に受け止めていました。

いつも明るく前向きで、何か困ったことがあれば、いつも相談しています。

今度はこのご家族がダウン症の赤ちゃんを受け入れられたのです。

ご主人の年齢は七十を越えられて、相当な決断だったと思います。

青葉さんの生き方を見ていると、自分はなんと守りに入っているのかと情けなく思います。

最後まで、自分の人生を神様のために使い切って、頑張り続けている素晴らしいご家族です。

青葉さんがある時言われていました。

「全部整えられてから何かを始めるとしたら、そんな日は永遠に来ない。」

「問題を抱えながらの今が、ベストなタイミングである」

私の心の糧になっている言葉です。

何より、青葉さんご夫妻の口から愚痴なる言葉を聞いたことがないのです。

私もこのような人間になりたいと思います。

場所は違いますが、このような心の師匠である方々と共に子育てできるのは私にとって何よりの幸いです。

先日お会いした時も、二歳になる望ちゃんを抱っこひもでおんぶして、寝かしつけをしていました。

私よりも年上で、私は最近足腰が痛くてどうしようかと思っていると「子育てしていると、痛いの治るのよ」と刺激的な言葉をくださいます。

私はまだまだ修行が足らないようです。

ある時、青葉さんと二人で訪問に行きました。

その時に、特別養子で育てられた長女さんのことを聞きました。

思春期を迎え、自分の生い立ちを知り、道を外れることが起こりました。

不登校になり、修学旅行に行けませんでした。

しかも、お母さんである青葉さんは、その学校のスクールカウンセラーです。

スクールカウンセラーの娘が、不登校になり、それは、なんとも不名誉なことです。

自分の子どもも育てられないのに、学生のお世話ができるのか。

私ならば、続ける根性はありません。

その娘さんが学校の主任に呼び出された時、青葉さんも共に呼び出されました。

その時娘さんが、一緒に歩く母である青葉さんに一言「恥ずかしいやろう」と。

その時、青葉さんの口から出た言葉が
「あなたは私の宝物です」。

私であれば、娘を引っぱたいていたことでしょう。

また、場所もわきまえずに怒鳴っていたかもしれません。

私も、やまとや恵満を「あなたは宝物」と、どんな時も言える存在になりたいと思います。


まだまだ、障がいや病気の子どもの特別養子縁組は、取り組みが始まったばかりで手探りの状態が続きます。全体として特別養子縁組の取り組みそのものが日本では大変に遅れているように思います。

その理由は、諸外国と比べても、養子縁組の数が極端に少ないからです。

日本は血縁を重んじる国です。

それは特徴的なことだと思いますが、私はこの日本にも、育てる使命を持った方が必ず存在すると信じています。信じたいのです。

さらに、里親制度も遅れています。

日本は、本当に多くの子ども達が家庭で暮らせずに、施設養護となっています。

私は、施設養護を否定するつもりはありませんが、もう少し里親制度を充実させて、家庭の温もりを子ども達に味わってもらいたいと思います。

私のできることは少ないですが、これからも子ども達のために働きたいと思っています。

終わりに

我が家のやまとは今年の一月で四歳になりました。

恵満は、五月で三歳になります。

二人共、実の親には育ててもらえませんでしたが、神様の不思議な導きにより、我が家に来てくれました。

やまとと恵満の障がいや病気もそれぞれ違い、成長の速度もそれぞれ違います。

障がいや難病の赤ちゃんを、他のご家庭に委託する前に、自分で養育することの大切さを改めて実感しています。

おかげさまで、私が養育者になることにより、実際的なアドバイスと今後の課題をはっきりと指摘することができるようになりました。

また、イエスキリストが「共に」いる、と言われる言葉が、ただ言葉だけでなく

「共に」歩むということは、その人の状況に入り込んで生活することだと理解できました。

特に、特別養子縁組を通して我が子になると、親としての責任を毎日痛感しています。

二人の子ども達の一生を考えることになるからです。

このことは、重たいことに見えますが、実は本当に祝福に満ちた豊かなことなのです。

二人の成長は、私の想像をはるかに越えています。

二人が成長する中で私は、二人に伴った相応しい道を作って行くという、本当に創造的な歩みを感じています。

障がいや難病の子どもを預けることができる場所は、日本では限られています。

日本では、そのような子どもを社会で受け入れるよりも、家族が引き受けるべきであるという暗黙の了解も存在します。

このことから、私は二人の子どもを預かってはっきりと言えます。

それは、障がいや難病の子どもなどを社会で受け入れていくことこそが、豊かな社会が生まれるきっかけになるのです。

胎児の出産前診断により、障がいの赤ちゃんの疑いに親が排除するか、生まれた場合は受け入れてくれる場所は、非常に少ない日本の社会では、子育てを頑張ろうという意欲も湧いてきません。

できることならば、今、私が作りたいと願っている「子どもの家」を中心に、これらの子どもたちを預かる場所を作り、障がいや難病の子どもたちの子育ての豊かさと、その子ども達の中にある命の輝きを皆さまや社会に発信できたら、それに勝る幸せはありません。

恵満の退院と共にまず、「子どもの家」をスタートさせたいと思います。

また、最後になりますが、温かな心で障がい児を育てている里親さんと、私達共通の家庭とが交流して、お互いを励ましています。

どんなに気持ちが分かると言っても、共に歩むそのしんどさを実際には理解できません。

二人のおかげで、それらの苦しみを共に背負うことばかりか、共に子育てをする恵に預かりました。

二人を通してたくさんの障がいを持つ子どもと、その家族に出会っています。

教会の牧師をしている時は、決して出会うことのない本当の苦しみやしんどさを背負う人々に、出会うことができました。

それらの悩みや苦しみを解決することはできませんが、共に歩むことができるようになりました。

このような、障がいや難病を持つ子どもたちの後ろには、キリストが立っておられます。

私は、牧師を三十年近くやりながら、キリストがおられるところを知りませんでした。

今はキリストがおられるところに自分がいることができて、本当に感謝をしています。

私のような文章の下手な人間を招いて、本を書くように励ましてくださった、燦葉出版社の白井隆之様には感謝しかありません。

このつたない文章が多くの障がい難病の子どもたちの救いに繋がれば幸いです。

願わくば、一番小さな子どもと家族を社会が受け入れる体制を整えてくれることを夢見ています。

二〇二三年七月

著者紹介
松原　宏樹
1968年３月１日生まれ
・元奈良キリスト教会　牧師
・2008年４月 奈良キリスト教会付属幼稚園設立、園長。
・2018年 NPO みぎわ理事
・2019年「やまと（ダウン症）」を養子縁組に迎える
・2021年「えま（難病）」を養子縁組に迎える
・2023年「小さな命の帰る家」設立、代表を務める

カバーデザイン　群馬　直美

小さな命の帰る家　—里親・養子縁組実践中—　（検印省略）

2023年11月10日　初版第１刷発行

著　者　松原　宏樹
発行者　白井　隆之

発行所　燦葉出版社　東京都中央区日本橋本町４－２－11
電　話　03（3241）0049　〒103－0023
ＦＡＸ　03（3241）2269
http://www.nextftp.com/40th_over/sanyo.htm

印刷所　日本ハイコム株式会社